总顾问：王明哲

总主编：张　量

历史不能忘记系列

血战台儿庄

陈明显◎著

中国民主法制出版社

2015年·北京

图书在版编目（CIP）数据

血战台儿庄/陈明显著．—2 版．—北京：中国民主法制出版社，2015.7

（历史不能忘记系列/张量主编）

ISBN 978-7-5162-0948-6

Ⅰ．①血…　Ⅱ．①陈…　Ⅲ．①台儿庄会战（1938）—青少年读物　Ⅳ．①K265.210.9

中国版本图书馆 CIP 数据核字（2015）第 180428 号

历史不能忘记系列

张量　主编

图书出品人：刘海涛

出 版 统 筹：赵卜慧

责 任 编 辑：吕发成　胡百涛

书名/血战台儿庄

作者/陈明显　著

出版·发行/中国民主法制出版社

地址/北京市丰台区玉林里 7 号（100069）

电话/63055259（总编室）　63057714（发行部）

传真/63056975　63056983

http://www.npcpub.com

E-mail:mzfz@npcpub.com

经销/新华书店

开本/32 开　880 毫米×1230 毫米

印张/4.25　字数/83 千字

版本/2023 年 3 月第 2 次印刷

印刷/涿州市荣升新创印刷有限公司

书号/ISBN 978-7-5162-0948-6

定价/49.80 元

修订版序

中国出版集团旗下中国民主法制出版社，将在中国人民抗日战争暨世界反法西斯战争胜利70周年之际，修订再版“历史不能忘记”系列丛书，我感到非常高兴。当年我参加组织编写了这套丛书，得到了社会的认可。在老一辈无产阶级革命家杨成武同志为第一版作序后，由我为再版作序。虽然水平有限，然出版社坚持，也只好尽力而为了。

1993年以后，日本国内的右翼势力开始猖獗，日本政局也开始出现右倾化的动向，不时上演参拜靖国神社、篡改历史教科书、否定南京大屠杀，为日本侵华战争涂脂抹粉，企图推卸战争责任的闹剧。前事不忘，后事之师。要让中国人民和世界人民永远牢记这段历史，尤其要让青少年从小就了解、记住这段历史。在我国国内，虽然抗日战争方面的图书资料很多，却难见一套比较系统地对青少年进行抗日战争方面的爱国主义教育的丛书。1998年初，中国民主法制出版社的编辑赵卜慧等同志策划了“历史不能忘记”系列丛书。受出版社邀请，我组织时任中国社会科学院近代史研究所所长、《抗日战争研究》杂志主编、中国抗日战争史学会副会长张海鹏，中国第二历史档案馆馆长、中国抗日战争史学会理事周忠信，中国人民大学中共党史系主任、博士生导师陈明显，中国人民抗日战争纪念馆编研部主任、中国抗日战争史学会常务理事、研究员张量和中国人民解放军军事医学科学院研究员、细菌学专家郭成周以及对抗日战争史有深入研究的专家学者，精心编写了这套丛书。这套丛书收录了大量的史料和图片，有些是首次公之于众的，揭露了日本侵略中国所犯下的滔天罪行，如南京大屠杀、日军细菌部队罪行等；讴歌了中国人民浴血奋战，与日本侵略者血战到底的气壮山河、可歌可泣的民族精神，如八一三淞沪会战、台儿庄战役、百团大战等。该丛书第一版推出 12 本，于 1999 年 9 月出版。丛书出版后在读者中引起了很好的反响，当年就名列共青团中央“中国新世纪读书计划第 7 期新书推荐榜”，并被列为上海市中小学生图书馆必备书目，荣获第 9 届上海市中小学生优秀课外读物三等奖。

近几年，日本政府在右倾化的道路上越走越远，尤其是安倍上台以后，不但矢口否认历史，而且否认对侵略历史表示歉意的“村山谈话”，挑起诸多事端，解禁集体自卫权，对外出售武器，动摇日本战后和平宪法的根基，加快日本军国主义的复活，引起世界各国尤其是曾经遭受日本军国主义铁蹄蹂躏的亚洲邻国的高度警惕。

为了铭记历史、缅怀先烈、珍视和平、警示未来，2014年2月27日，全国人大常委会通过了《全国人民代表大会常务委员会关于确定中国人民抗日战争胜利纪念日的决定》，以法律的形式，将每年9月3日确定为中国人民抗日战争胜利纪念日；2014年4月10日，又通过了《全国人民代表大会常务委员会关于设立南京大屠杀死难者国家公祭日的决定》。今年是中国人民抗日战争暨世界反法西斯战争胜利70周年，我国将在纪念日举行空前盛大的阅兵活动，向世界宣示中国维持战后世界秩序的坚定决心。

在此之际，修订再版“历史不能忘记”系列丛书，充分体现了中国民主法制出版社的担当意识和责任精神。丛书站在新的历史方位，挖掘和整理最新史学研究成果和文献资料，由初版12册增加到22册，内容更加丰富，事实更加清晰，范围更加广阔，尤其是把儿童抗战、文化抗战、台湾抗战、空军抗战、海军抗战等鲜为人知的抗战史料呈现在读者面前。不难看出策划者把这套丛书作为精品工程精心来打造的良苦用心。

2014年7月7日，习近平总书记在纪念全民族抗战爆发77周年仪式上指出，历史是最好的教科书，也是最好的清醒剂。中国人民对战争带来的苦难有着刻骨铭心的记忆，对和平有着孜孜不倦的追求。中国的抗日战场，是世界反法西斯战争的东方主战场，中国抗日战争的胜利，为世界反法西斯战争作出了积极贡献。中国抗日战争的胜利，是中国近代以来第一次取得的反对外来侵略的彻底胜利，一雪百年屈辱历史，它是中华民族由衰败走向振兴的重大转折。

实现民族复兴的中国梦，是每一位中华儿女共同的历史使命。中华民族的伟大复兴、美丽中国梦的实现，许多道理需要让历史告诉未来。中国人民会铭记这段历史，以史为鉴，时刻保持清醒头脑，警惕日本军国主义的死灰复燃，牢记“落后就要挨打，就要受人欺负”的教训，紧密地团结在以习近平为总书记的党中央周围，发奋图强，努力学习和工作，把我们的国家建设得日益繁荣富强，为早日实现中华民族伟大复兴的中国梦而努力奋斗。

中央档案馆原馆长

中国档案学会原理事长

中国抗日战争史学会原副秘书长 王明哲

2015年5月

第一版序

抗日战争，这是个历史性和现实性都很强的话题。

说它具有很强的历史性，那是因为，这场战争的爆发距今毕竟已有62年。时至今日，战争的硝烟早已散尽，在和平共处五项原则的基础上，中日两国正面向未来，致力于建设和平与发展的友好合作伙伴关系。至于有关反映抗日战争的文章和书籍，60多年来则更是难计其数。

说它具有很强的现实性，则是由于：其一，抗日战争毕竟是自1840年鸦片战争以来，帝国主义列强发动的历次侵华战争中最残酷的一场战争，也是中国人民反抗外来侵略最坚决并最终取得全面胜利的一场战争。这场惨绝人寰的侵略战争造成了3500万中国人的伤亡，造成了1000亿美元的直接财产损失，使千百万中国人流离失所。这么一场空前的民族大灾难，无论如何不应该也无法从人们的记忆中抹去。其二，抗日战争虽然早已结束，但它给我们留下许多血的教训：得道多助、失道寡助。尽管有一时的强弱之别，然而玩火者必自焚，正义终将战胜邪恶；贫穷、落后就要挨打，就会受人欺辱，只有国家富足强盛，才能人民安居乐业……所有这些，都将犹如警钟长鸣，时时警示着世人。其三，人总是要有点精神的。中华儿女在这场民族灾难中所表现出来的浴血奋战、不怕牺牲的抗战精神，作为一种极其宝贵的精神财富，无论时间再久远，都将永久地熠熠生辉、光芒四射。在和平的年代里，在社会经济建设中，我们仍然需要弘扬这种宝贵的民族精神。其四，随着时间的推移，抗日战争渐渐成为历史，年青的一代只能从历史书籍、从教科书中去了解这场战争的真相了。也正因为如此，在日本，总有那么一些人不时地挑起事端，他们或在教科书问题上大做文章，或在日军侵华史实上黑白颠倒，企图篡改历史，误导后人。历史霎时间似乎成了一个任人打扮的小女孩。为此，要不要把这场战争的本来面貌告诉世人特别是年青的一代，显然成了摆在每一个史学工作者面前的现实问题。

有鉴于此，中国民主法制出版社约请了长期从事抗日战争问题研究、占有大量客观资料的专家学者，历时数载，撰写了这套“历史不能忘记”丛书。丛书本着对历史负责，对后人负责的态度，严格尊重史实，凭借事实说话，分《以史为鉴　面向未来》《九一八事变》《七七卢沟桥事变》《八一三淞沪会战》《平型关战役》《台儿庄战役》《南京大屠杀》《百团大战》《日军细菌战》《中国空军抗战》《中国海军抗战》《中国抗日远征军》

《抗日英烈民族魂》《华侨支援祖国抗战纪实》《国际友人与抗日战争》《华北抗日》《华东抗日》《华南抗日》《抗战中的延安》共19个分册，全方位多角度、系统客观地披露和介绍了抗日战争的爆发背景以及发动经过、侵华日军在战争中所犯下的滔天罪行、中国军民抗击侵略者的著名战役、献身于抗战的民族英烈等。其中，一些材料和观点尚属首次公开发表。

日本的一位首相曾经说过："我们无论怎样健忘，也不能忘记历史。我们可以学习历史，但不能改变历史。"作为一种民族灾难，抗日战争过后的今天，无论是挑起这场战争的加害国还是遭受侵略的被害国，惟有正视史实，以史为鉴，才能更好地面向未来，防止悲剧再度发生。而再现历史真相又是问题的逻辑前提。我想，这恐怕正是撰写和出版这套丛书的目的所在吧。

作为抗日战争的亲身经历者，我愿意把这套丛书推荐给需要了解和应当了解这段历史的人们。

杨成武

1999年4月4日

目　录

从台儿庄战役 77 周年说起

2015 年是台儿庄战役 77 周年。在这场战役中，几十万中国将士用血肉之躯铸就了这一历史上永远不会忘记的壮举。77 年前，为了反对日本帝国主义的侵略，保卫自己的国家，保卫家乡，争取民族的生存、独立和解放，几十万抗日将士奔赴山东与江苏两省交界的台儿庄地区，展开了一场反侵略战争的血肉之战。这场战役之激烈、歼敌数量之多、对日军打击之重，都可以说是空前的。所以，台儿庄战役的胜利震惊中外，为历史永记。

战争，这个在几千年的人类历史上不断出现的怪物，给人类的生存和发展带来了深重的灾难。战争的双方，无论是发动战争的一方，还是反对战争的一方，人民都要付出巨大的代价。然而，要想赢得和平，首先要制止战争的爆发；其次要用反侵略的战争去消灭侵略战争，这是唯一可行的方案，别无他法，因为这是从战争中得到的答案。

台儿庄战役的硝烟虽然已经散去，但它提供的历史教训，至今仍然有着重要的意义。

台儿庄战役在中国人民八年抗战史上并不是一次规模最大的战役，持续的时间也并不是很长，整个战役从 1938 年 3 月 23 日打响起，到 4 月 6 日结束，前后共十四天，但它举世闻名。在战役中，日军先用大炮轰击，飞机狂炸，后由陆军步兵冲杀。中国军民奋起还击，先后击退了日军八次大规模的进攻。战役打得异常艰难、激烈、残酷，最后一举歼灭日军11984人，加上战役前后歼敌人数，达2万人之多，并缴获大批重炮、战车、装甲汽车，以及轻重机枪、步枪和子弹等武器，书写下了中国人民在八年抗战史上辉煌的一页。这场战役给日军的精锐部队——板垣、矶谷师团以致命的打击，使不可一世的板垣、矶谷师团在台儿庄战役中，以彻底的惨败载入了史册。

▲台儿庄战役遗址的一处弹孔墙

在这场血战中，中国军民也付出了巨大的代价。日军使用大量的飞机、大炮，对台儿庄狂轰滥炸，造成了中国军民的大量伤亡，仅国民党参战部队伤亡的将士就达 19000 多人，至于老百姓的伤亡人数则更多。全城的房屋、牲畜及其他财物等几乎全部毁尽，其惨状和激烈的程度为战争史上所少见。这一切，一方面表现了日本侵略者的野蛮、残忍和侵占中国的野心；另一方面也充分表现了中国军民在国家和民族处在生死存亡关头，同仇敌忾，不惜牺牲一切来保卫国家和民族的自卫精神。有了这种精神，中国军民虽然处在劣势地位，甚至在手执大刀、手榴弹的情况下，也能创造战机与强大的日军作战，并能打败占据优势的日本侵略者。

▲台儿庄会战后的废墟

当时，对台儿庄战役中中国军队的胜利和日军的惨败，有不少人认为这是一件不可思议的事情。不少军事观察家、新闻记者都表示，这是不可想象的。因为他们认为：一、中国的军队在战役发起前，只有十余万人，又是屡遭日军打击的疲惫之师，怎么能打大仗和硬仗呢？特别是与日军作拼死战，更不是日军的对手；二、日军已形成了从津浦铁路线南北两端同时夹击中国军队的态势，且都是日军中的精锐之师，即是自 1937 年七七卢沟桥抗战以来扫荡中国军队达百余万的主力，中国军队怎么能打胜仗呢？

然而，台儿庄战役的胜利，是铁的事实。中国军民用血肉之躯创下的历史奇迹为世人震惊。这些军事观察家、新闻记者之所以认为不可思议，是由于他们忘记了中外战争史上的兵家格言：骄兵必败，哀兵必胜；侵略者必败，反侵略者必胜。日军虽然处在优势，有大量的飞机、大炮和各种轻重武器，但作为妄图灭亡中国的侵略者，是骄兵，必然遭到中国人民的全力反抗，也必然遭到世界人民（包括日本人民在内）的坚决反对。而中国的军队虽然是弱兵，没有那么多的飞机、大炮和精良的武器，但是反侵略战争的正义者，又是屡遭失败处在绝境的哀兵。他们为了国家和民族的利益战死在抗日的战场上，是军人的光荣，是为国捐躯的壮举，是民族的骄傲，所以，他们的反侵略战争行动必然受到全中国人民的支援，也必然得到全世界人民，包括日本人民的同情与支持。由此可知台儿庄战役的胜利，绝非偶然；日军的惨败，也非怪事。其实，只要看一看当时的状况，就很清楚了。

1937 年 12 月，日军攻下中国首府南京后，在一个月内，杀死了 30 多万中国军民，犯下了人类历史上罕见的、不可饶恕的滔天罪行，激起了中国人民的极大愤慨，同时也为他们的失败、灭亡埋下了种子。中国人民将不惜一切代价与日军作战，夺取反侵略战争的伟大胜利。

南京大屠杀后不久，由于韩复榘不战而撤，使日军轻易地攻下了山东重镇济南。于是日军决意实现迅速打通津浦铁路全线，然后调集力量会攻武汉，以灭亡中国为目的。日军的这种侵略野心和战略意图，在中国有不少的军事家和战略家已看得十分清楚。应当说，在共产党内有之，在国民党内也有之。共产党人周恩来、叶剑英、张爱萍就是其中的代表，他们力主在徐台地区打一大仗，夺取胜利，国民党的第五战区司令长官李宗仁也是一个极为突出的代表。当时周恩来以国民党中央军事委员会政治部中将副部长的身份亲自向即将赴徐州任第五战区司令长官的李宗仁将军建议，希望他到达徐州后，不负众望，利用各方面的有利条件，发动一个大的战役，以阻止日军灭亡中国的计划，后又通过白崇禧将军动员李宗仁发动这一战役，最后又派张爱萍到徐州说服李宗仁实施这个战役。所以，可以这样说，台儿庄战役的最早倡议者和战役思想的创立者是共产党人周恩来、叶剑英、张爱萍等革命家、军事家。而李宗仁将军在国家和民族的危亡关头，接受了这个建议，以抗日爱国将领的气概和风度，为坚守徐州地区，抗击日军，作出了一位军事家的杰出的战略部署。他吸收了共产党人周恩来、叶剑英、张爱萍提出的战略思想，发挥了他的军事才能，进行了一系列的调兵遣将，将沿津浦路北上的日军阻击于津浦路南段安徽省的滁县、明光地区，粉碎其合攻徐州的计划；他又急调重兵，将沿津浦路两侧南下的日军围困于临沂城下、滕县境内，为部署台儿庄战役奠定了基础，从而形成了一个完整的战略计划。所以，台儿庄战役的策划与发动是国共两党的几位军事家合作的杰作，是歼灭日军，拯救民族和国家危亡的重大行动。

为确保台儿庄战役的胜利，李宗仁将军发挥了他的军事谋略，使日军陷入被动、孤立、失败之中。同时也由于日军不可一世的骄狂，使他们犯下了一系列军事战略和战术的错误。尤

▲周恩来在武汉八路军办事处

其是矶谷师团和板垣师团为争夺战功，缺少相互协同作战的配合，过高地估计自己的力量，轻视中国军民的抗击能力，犯下了孤军深入、骄兵必败的错误。特别是矶谷师团更为突出，他们只认识到中国军队人数虽多，但装备很差、战斗力很弱的一面，而没有认识到，中国军队为了国家的独立和民族的生存与侵略者作殊死斗争的决心。在民族和国家危亡的关头，中国军民已经清楚地看到没有任何退路了，只有以死相拼，才有生存的希望，在这个时候，他们会有无穷的力量。所以，他们不但死守阵地，用武器打击日军，而且还会用大刀、木棍、石头等与敌人作战，拼死在战场上，与阵地共存亡。再加上李宗仁将军的正确指挥和对部队的合理调用，做到部署恰当，任务明确，上下一心，尤其对敌情判断正确，击其所短，知己知彼，发挥了中国军队的最大战斗力，所以，能打出这个大胜仗。

台儿庄战役胜利，举国若狂。自 1937 年七七卢沟桥抗战以来，尤其是上海、南京沦陷以后，全国笼罩着一片悲观气氛。但是台儿庄战役的胜利，使这种悲观气氛一扫而光，使国人看到抗战前途露出了一丝曙光，看到只要全国上下团结抗日，中国是不会亡的。从此，台儿庄战役成为中华民族复兴的象征。

台儿庄战役在中国人民抗战史上是一个著名的胜利之役，也是日军的惨败之役，它把日军不可战胜的梦话打得粉碎。

台儿庄战役虽然已过去整整 77 年，但它的历史教训我们永远不能忘记。如今，中国已成为一个独立的社会主义国家，为了使中日两国人民能世代友好下去，中国人民宽宏大量，不计前仇，与日本建立了外交关系，使中日之间成为友好的邻邦，这是一个多么巨大而又来之不易的历史变化啊！但是，为了让大家更加珍视当今和平发展的世界，让我们的后代世世代代牢记这段苦难的历史，以及战争带给中国人民的不幸，使战争的悲剧不再重演，在此以大量的真实史料，写下《血战台儿庄》一书。写作此书还有另一个目的，就是为了纪念在这场战役中为国捐躯的数万爱国将士，是他们用血肉之躯捍卫了国家的独立和民族的解放，是他们用生命铸就了不朽的功勋，中华民族将永远地记住他们、怀念他们。在此还必须指出，拼死在台儿庄战场上的 2 万多名日本将士，绝大多数来自日本的人民群众，他们的从戎参战，不是本意，而是日本军国主义者所迫，他们也是受害者。所以，从这点上说，来自日本人民的日军战士虽然充当了侵略中国人民的工具，但主要的责任不在他们。所以，77 年后的今天，中国人民所痛恨的不是日本人民，而是发动侵略战争的一小撮日本军国主义者。这是一个沉痛的历史教训和无情的历史结局，相信日本民众会有清醒的认识。

为了使后人不再成为各种战争中的无辜牺牲者，我们一定要维护世界和亚洲的和平事业，一定要维护中日之间的友好关系，让过去痛苦的历史永远不再重演。

李宗仁出任第五战区司令长官

1937 年 10 月 10 日，李宗仁在广西桂林参加各界人士庆祝双十国庆节后，立即乘专机直飞南京，出任第五战区司令长官，奔赴江苏徐州，组织中国军队实施抗战任务。

國民政府軍事委員會委任狀

特任李宗仁為第五戰區司令長官此狀

委員長蔣中正

中華民國二十六年九月十一日

▲李宗仁受命的委任状

这在李宗仁的人生道路上，是一个新的开始。在过去的十多年中，他参加了蒋介石发动的内战。连年不断的内战，给国家和人民带来的灾难，使他不断地反思，他经常问自己，为何走上这样的道路？现在，由于抗战的需要，给了他一个为国出力、为民立功的机会。所以，他乐意奔赴前线，为国为民重筑功勋。

李宗仁，1891 年 8 月 13 日出生于广西临桂县的一个富裕农民家中。苦难的时代、贫困的家乡，使他自幼开始了学武的生涯。随着年龄的不断增长，他逐渐地感受到了社会的黑暗，亲眼目睹了人民的贫困，暗自立下了报国的决心。历经奋斗，他终于成为一位赫赫有名的桂系将领。他爱兵如子，严格训练，使桂系军队成为一支骁勇善战的队伍。1937 年 10 月，国民党中央军事委员会将全国划为五个抗战战区，蒋介石点名要李宗仁担任第五战区司令长官。

李宗仁乘坐的飞机在湖南长沙机场着陆后遇到了大雨，且下个不停，飞机一时无法起飞，他心急如焚。为了尽早到达南京，他不得不改乘火车北上，打算到达武汉后，再乘船到南京。但到武汉后，又遇轮班开航无定期，他只好在武汉暂住一天。第二天，在湖北省主席黄绍竑、湖北省建设厅长伍廷飏的协助下，找到了一艘只乘百余人的小火轮，李宗仁等一行急急登船而行。此时，长江水面细雨蒙蒙，船在江中顺水而下。行至途中，西北风骤起，顷刻，长江之上白浪滔天，小火轮又小又旧，风摧浪卷险情不断，但此时也只能冒险前进。一路历经险恶，直到第二天晚上，小火轮才摇摇摆摆地到达了南京下关码头。一上岸，李宗仁等人直奔白崇禧住处。

李宗仁和白崇禧都是桂系的主要战将，白崇禧当时是国民党中央军事委员会副参谋总长。李宗仁见到白崇禧十分高兴，两人相互寒暄问候过后，一同走入客厅，彻夜畅谈国家大事。

10 月 13 日，李宗仁在白崇禧的陪同下，去见蒋介石。此时，正值淞沪抗战进入最后阶段，战事结局虽然未见分晓，但战役发展趋势已经明朗。淞沪会战，前后历时三个月，中国军队虽然损失惨重，但它打破了日军速战速决灭亡中国的计划。蒋介石与李宗仁见面后，没有命李宗仁立即北上徐州赴任，而是把他暂留南京，直至淞沪会战结束，日军向南京方向发动进攻后才让李宗仁北上。

淞沪会战失败后，蒋介石曾召集李宗仁、白崇禧、唐生智、何应钦、徐永昌等国民党的高级将领开会，讨论南京应否固守的问题。在讨论中，有两种意见：一种是以李宗仁、白崇禧为代表，不主张固守南京，认为南京是一个绝地，敌人可三面合围，而北面又有长江所阻，无路可退，所以，难以固守；另一种是以唐生智为代表，主张死守南京，与敌人拼死到底。他们认为南京是国府的所在地，南京一失，影响极大，为此，唐生智慷慨激昂地陈述己见，蒋介石听后，十分钦佩，就任命他为南京城防总司令，立刻筹划防务，以迎战日军对南京的进攻。

1937 年 11 月 12 日，南京的防务部署开始了，李宗仁也急急地乘车赴徐州，执行第五战区司令长官的任务。

第五战区的具体任务是：调集和指挥军队实施保卫津浦铁路的防御。其所管辖的地区为：北至济南黄河南岸，南达浦口长江北岸，东至长江、吴淞口向北延伸至黄河口。它包括了山东全省和长江以北的江苏、安徽两省的大部，辖区辽阔，地位重要，是兵家必争之地。日军攻占南京后，必然抢夺这片要地，然后再攻武汉。尤其在这片要地上，有一条贯穿南北的津浦铁路线，日军夺下津浦线，可以把华北与华东的日军联合起来，形成强大的战斗力。所以，坚守这片要地，对打击日军具有重要的战略意义。国民党最高统帅部为集中力量，便于统一指挥，特规定第五战区长官部可直接指挥辖区内的一切党政机关，也就是说，司令长官部是该辖区的最高领导机关，司令长官是最高领导人。

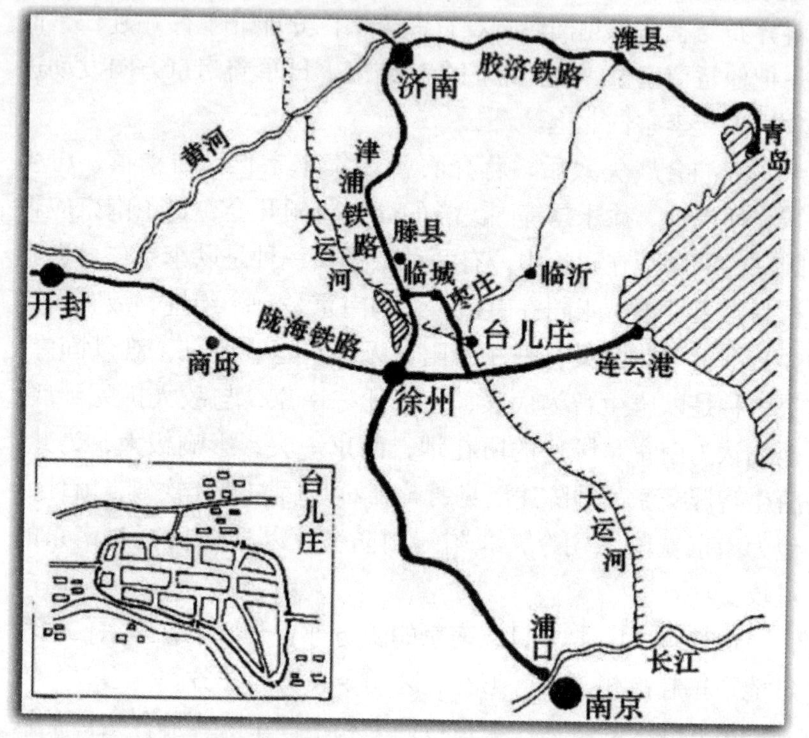

▲第五战区及台儿庄示意图

李宗仁在南京暂留的一个月中，由于国民党中央军事委员会对抗战的计划早已确定，所以在为蒋介石做一些具体的战事安排的同时，已开始了对第五战区的积极部署。

善用人才。这是李宗仁多年养成的一个特点，也是使桂系军队骁勇善战的一个重要因素。首先，他选拔徐祖贻任第五战区的参谋长，让他立刻束装赴徐，组织司令长官部，实施抗战任务。徐祖贻是江苏无锡人，早年毕业于保定军官学校，后又入日本士官学校和陆军大学。他十分了解日军的状况，可谓当时最合适的第一流的军事参谋人才。他处事十分干练，军事学识也极为丰富，同时又有较多的军事指挥和作战的经验，担任参谋长职务是十分恰当的。而此时的李宗仁，虽然选拔徐祖贻担任第五战区参谋长之职，但在此之前却未与徐见过面。李宗仁选拔徐祖贻，还有一个重要的考虑，即自己是桂系将领，平时与国民党中央多有隔阂。蒋介石要李宗仁担任第五战区司令长官从某一方面说是出于抗日的无奈，而不是蒋介石对李宗仁特别器重，更不能说明蒋介石对地方实力派政策的改变。所以，李宗仁总想挑选一名在国民党中央军事委员会中任过职的合适人才，以便保持与中央军委的联系。而徐祖贻从 1931 年九一八事变后调至国民党中央军委，出任军令部第一厅厅长，筹划对日作战事宜。由于他表现出色，颇有“能”名。所以，李宗仁出任第五战区司令官后第一件事，就是在诸多的人选中，选择徐祖贻担任他的参谋长。徐祖贻受命后立即奔赴徐州，筹建司令长官部。当上海沦陷、南京告急时，徐州的第五战区司令长官部已组建就绪，只待李宗仁北上赴任了。

掌握军队。这是李宗仁多年带兵打仗，建立桂系军队威望的又一特点。第五战区刚成立时，归李宗仁直接管辖的部队只有第三十一军，其余的部队都是临时划归的管辖部队。

第三十一军，军长刘士毅，下辖 131、135、138 三个师。这个军是李宗仁在广西亲自征调成立的部队，班长以上干部多系北伐前后的班底，颇有作战经验，具有桂系部队的特点。当然，该军士兵多系新近入伍的农民子弟，虽有抗战报国的决心，然而缺乏训练，也缺少作战经验。但是，因为一直归李宗仁直接领导，指挥起来十分得心应手。抗战开始后，第三十一军奉调北上，在苏北海州驻防，以防日军登陆，侵占苏北地区。

第十二军和第五十五军，这两个军是第三集团军总司令韩复榘所管辖的部队，驻扎在山东省境内。这两个军无论在训练和装备上都远不如桂系军队，且军纪不严，士兵自由散漫，在地方称王称霸。现在划归第五战区管辖，能否服从命令、拼死作战，李宗仁十分担忧。且又得知情报，韩复榘曾派代表到天津与日军联系，有妥协投降的企图。所以，李宗仁初到徐州上任时，曾亲自去济南会见韩复榘，为日后指挥这两个军作战做准备。

第五十七军，军长缪徵流，下辖 111 和 112 两个师。缪部原为张学良管辖下的东北军，这个军装备尚可，但战斗力较弱，驻守在苏北地区。

第八十九军，军长韩德勤，下辖 33 和 117 两个师。韩部原非正规军，是由江苏省保安队改编成立的。这个军战斗力很差，也无作战经验。

第五十一军，军长于学忠，下辖 113 和 114 两个师。于部原为东北军，有一定的作战经验，战斗力也较强，虽算不上劲旅，但在各军中可列为上乘，驻扎在青岛地区。

第三军团，军团长庞炳勋，下辖五个团。庞部原为西北军，由于庞炳勋年资甚高，故位至军团长。其实，以该军团的实力，只有五个步兵团。所以这个军团作战能力也十分有限，驻扎在江苏砀山地区。

以上就是第五战区成立时所辖的七个军，但实际兵力不足七个军（编制大，兵力少，这是国民党部队的通病）。更为严重的是，这七个军均是被国民党中央列为“杂牌”的部队，不仅兵额不足，而且训练和士气都很差。

▲徐祖贻

▲于学忠

▲刘士毅

▲庞炳勋

▲韩复榘

对上述部队的状况，李宗仁是了如指掌的。但作为指挥官来说，只能面对这一现实。李宗仁认为，只要与这些“杂牌军”的将士推心置腹，对他们一视同仁，并晓以国家和民族的大义，以及军人应尽的天职，必能激发其良知，使其服从命令，效命疆场，发挥出强大的战斗力。可是李宗仁也深知，蒋介石排斥异己，并借全国军民团结一致，共赴国难之机，消灭非嫡系的“杂牌军”，保存自己实力的做法，为不少将士所深知，使得这些部队的将士忧心忡忡，处在两难的境地。一方面，他们为了国家和民族独立与生存，都想和日军决一死战，以尽军人的天职；另一方面，又担心蒋介石不但不给补充给养让他们白白送死，还以作战不力的名义置他们于死地。

但是，李宗仁最终从国家和民族利益出发，将这些军队团结了起来，让他们以积极的姿态投入到抗日战争的洪流中，发挥了各军的作用。

谋划战略。这是李宗仁多年指挥军队打仗的又一特点。李宗仁认为，从战略上说，沪宁战事一旦结束，津浦线必是日军攻击夺取的目标。所以，他再三思虑，作出充分的战略谋划。当时，有不少的新闻记者和政治家都认为，日军在占领上海、南京后，会长驱直入，一举攻下武汉。然而李宗仁认为，这是一个错误的判断，他指出上述看法是缺乏军事常识，是纸上谈兵的谬论。他确信，当日军攻下上海、南京后，必定打通津浦线，以清除右侧对日军的威胁，然后才可西进武汉。所以，当他在离开南京赴徐州上任之前，向蒋介石反复重申：津浦线处于重要的战略地位，不可轻易失守，况且津浦线处在日军南北夹攻之中。不但如此，日军还可在海州、青岛随时登陆，而目前第五战区只有七个军的兵力，长期坚守是非常困难的。蒋介石听后表示：将来沪宁线上撤往江北的部队，都可归你指挥。

这使李宗仁的心中感到了一些安慰，在与蒋介石谈话后，他就赴徐州上任去了。

作为一名久经沙场的军事家，李宗仁在离开南京赴徐州之时，已感到南京危在旦夕，唐生智在南京必不能久守，津浦线上的战事即在眼前，一场与日军的拼搏战就要到来。他认为，无论从战略和战役上说，日军必然以优势兵力，攻占南京，南京一失，日军又必然攻占津浦线。所以，徐州战役必将以空前规模发生。他深知战事紧迫，抗战至此，已是千钧一发，如能在津浦线上拖住日军数月，或歼其主力，使武汉后方有充分时间进行部署，则抗战还可继续；如津浦线上国军迅速瓦解，日军一举攻下武汉，占领中原，则抗战前途将不堪设想。所以，他深感责任重大。

当李宗仁到达徐州城时，徐州城的很多居民为躲避战争迁走或投亲靠友，留下的人已不多，市面萧条，形同一座死城。面对这种情景，李宗仁立刻开始了发动民众共同抗战的工作。他召集民众大会，组织第五战区抗战青年团，以唤起民众与日本侵略者血战到底的决心和勇气。不少南北流亡的学生闻风而至，踊跃参加，并开展起各种抗日活动。作为司令官的李宗仁，为安定人心，每天清晨或午后，骑马上街，巡视市容。不少市民见到司令官尚有如此闲情逸致，相信战局必可稳定，消息一传十，十传百，于是有不少人陆续返回徐州城开店复业。不几日，徐州城内人心安定，商品充裕，恢复了繁荣的景象。这些做法，为进行徐州会战创造了条件。正当徐州市面恢复正常的时候，南京失守，日军进入南京首府后，大肆屠杀，一个月内 30 多万军民惨遭杀害。南京大屠杀事件激起了中国人民极大的愤怒，尤其是 1937 年 12 月 13 日，日军主将松井石根竟在南京国民政府门前，疯狂地举行所谓的“入城式”，他们把占领南京视为打败中国的象征，为日本军人的荣耀。所以，日军杀气腾腾，个个似狼如虎，骄狂无比，以为中国的抗日主力已经消灭，灭亡中国指日可待。因此，他们将北上津浦线，夺取这条铁路要道，看作旅次行军，认为徐州、蚌埠之城可以传檄而夺，用不着动用大量兵力，也不会有什么大的战役。对于日军的这种态势，李宗仁看得十分清楚，所以他暗下决心，一定要抓住日军“骄兵必败”的弱点，充分运用数万哀兵的力量与日军作战，必能取得胜利。同时，李宗仁也看到，投入淞沪战役、南京战役的部队不仅数量多，而且武器装备远比目前津浦线上七个军要强。所以，要在津浦线上取得胜利也不是很容易的事。此时此刻，作为司令官李宗仁是决心在津浦线上依靠广大军民，打出漂亮的大仗呢？还是只图拖住敌人，延缓日军西进攻占武汉的时间呢？这使李宗仁面临着严峻的考验和历史的抉择。如果充分发挥数万哀兵的力量，与日军决一死战，歼其精锐，就可以振起抗日军威，打败侵略者；如果只图防守，守不住便撤，甚至不战而退，就会落个败军之将的名声。如何行动，他日夜思索，处在矛盾之中。

▲1937 年 12 月 17 日，日军在南京国民政府门前举行“入城式”。

周恩来力劝李宗仁在徐台地区大打一仗

抗日战争全面爆发后，由于中国共产党人的努力，实现了第二次国共两党的携手合作，建立了抗日民族统一战线，担负起全民族的抗战任务。作为中国共产党的杰出军事家，周恩来以中将的职衔担任了国民党中央军事委员会政治部副部长的职务，开始参与国民党军队的工作。

1938 年 1 月 10 日，在上海出版的《抗战政治工作纲领》一书中，发表了由周恩来撰写的《抗战军队的政治工作》一文。在这篇文章中，他总结了抗战两个月以来的经验教训，提出了“革命的政治工作是民族革命生命线”的理论，主张改造军队，使之适合民族抗战的需要，认为这是摆在全国人民特别是国民党面前的大问题。他说，改造军队最重要的一环，就是建立革命的政治工作制度。只有在抗战军队中把政治工作实际地建立起来，才能把民族抗战的战斗力提高，才能把官与兵、军与民联结成像一个人一样，为民族的独立自由而战斗到底。周恩来的这一思想可以说切中了国民党军队的要害。在军队中没有革命的政治工作是国民党军队普遍存在的一个弱点，所以，在抗战中，不能充分地发挥战斗力。周恩来列举了国民革命开始以来，由于重视政治工作而提高战斗力的事例，并提出了“以革命主义为基础的革命政治工作是一切革命军队的生命线与灵魂”的论断，尤其是“中华民族处在生死存亡的决定关头，迫切需要抗战军队的牺牲奋斗到底的战斗力，迫切需要军队与人民团结共赴国难，争取持久抗战的最后胜利。而今天要消除现有军队的一切派系，要消灭保存实力及把军队作为个人工具的观念，要消灭上压迫下、官压迫兵、军压迫民的一切军阀制度，要消灭一切畏缩不前、借故推诿、友军遇危险而不援、望风而逃的恐日病等可耻的现象，只有发扬大革命时代的革命政治工作，使全国军队成为为民族解放而坚持奋斗到底的革命军队”。可以说，只有进行革命的政治工作，才能造就一支革命的军队，才能坚持持久抗战，才能夺取抗战的胜利。

周恩来还认为：“全国一切的抗战武装队伍，迫切需要以最大决心迅速实行革命的政治工作，才能争取抗战的最后胜利。”国民党军队虽然有几百万，但不管是中央军还是地方军，最缺乏的是革命政治工作，所以，很不适应抗战的需要，很难提高抗战的战斗力。

周恩来的上述文章，深刻地阐明了国民党军队在抗战中屡战屡败的根本原因。尤其是上海、太原失陷后，抗战危机日益严重，一方面国民党政府的军队抗战很难为继；另一方面全民抗战犹未兴起，妥协空气十分浓厚。所以，周恩来提出加强军队的革命政治工作，有着极为重要的意义。

同时，周恩来还提出了坚持华北抗战、争取抗战最后胜利的战略思想。他认为，华北的抗战具有重大的战略意义，不仅需要有平型关战役这样的胜利，而且还十分需要有更大的战役的胜利，以打击日军，振奋全国抗战精神。此时，周恩来正以中共中央代表团兼国民党中央军事委员会政治部中将副部长的身份住在武汉，并与同在武汉的八路军总参谋长叶剑英等召开紧急会议，分析当前的战局，认为不狠狠地打击日军，挫败日军的锐气，就难以阻止日军长驱直入，攻下武汉等地，也难以振奋中国军民的抗战信心，打破妥协气氛。会议还认为，必须充分地发挥抗日民族统一战线的作用，动员国民党在徐州一带打一个大胜仗，挫一挫日军锐气，长一长中国人民的志气，以粉碎日军速战速决灭亡中国的狂妄企图。这一思想的形成，充分表现了中国共产党人在民族和国家危亡关头的远见卓识，实践证明，这一思想对后来台儿庄战役及徐州会战的发动，以及夺取胜利，起着极为重要的作用。

▲1937 年 12 月中旬，中共中央派代表团（在党内是中共长江中央局）驻武汉，统一领导南方各省的工作。这是周恩来（右）、叶剑英（中）、博古（左）在武汉的合影。

这个正确的战略思想形成后，要付诸实施，首先必须让国民党第五战区司令长官李宗仁接受。所以，会后，周恩来立即约见了从广西桂林赴南京受命而偶然滞留在武汉的李宗仁将军，把上述战略思想全部转告给他。周恩来、叶剑英等对李宗仁应该说是比较了解的，在北伐时，叶剑英在国民革命军第四军独立团任团长，曾首先从广东进入湖南，与李宗仁指挥的国民革命军第七军并肩作战，直指武汉地区。所以，周恩来在约见李宗仁时就明确地提出，希望李宗仁赴徐州后，能在徐台地区打一个大胜仗，以杀杀日军气焰。可是，周恩来从与李宗仁的恳谈中得知，国民党中央军事委员会没有在徐州地区打一大仗的意图，而只是应付式地进行防御；同时李宗仁也没有在徐州地区打一个大仗的思想和计划，而只是力图在津浦线上拖住日军，不使它迅速地进攻武汉。李宗仁十分不满意蒋介石不顾抗日大局，肆意将他的嫡系部队南撤，急调非嫡系部队即多数为地方实力派的部队上前线作战的宗派行为；同时也苦于第五战区部队较少，成分又复杂，均系杂牌军，战斗力很差，难与日军作战。看到种种不利因素，他顾虑重重，难以决断。对此，周恩来也十分理解他的处境。所以这次的约见与恳谈，并没有作出明确的决定。第二天李宗仁乘船赴南京去了。尽管如此，周恩来的提议和阐述的战略思想一直在李宗仁的脑海中回旋，使他不断地思索着这一仗打不打、如何打等问题。按照李宗仁将军的思想和作风，只要有机会，能打胜，他一定会争取的。不然，他为何不顾一切在广西成立军队，远离家乡，到徐州来呢？

李宗仁走后，周恩来、叶剑英等一方面思索着如何进一步动员李宗仁下定打一大仗的决心，如果这个司令长官下不了决心，这个仗是无法打的；但另一方面对这个战役要作深入的考虑，拿出一个切实可行的方案，才能使李宗仁等人接受，并付诸行动。所以，周恩来、叶剑英等对津浦线上的敌我双方形势、力量的对比、战役的部署等问题，展开了认真的讨论与研究。

当周恩来、叶剑英等正在作深入、细致研究的时候，又得知白崇禧将军要赴徐州前线。周恩来、叶剑英等认为，白崇禧为国民党中央军事委员会副参谋总长，他与李宗仁的关系十分密切，都是桂系的首领长官。所以，决定由周恩来、叶剑英等亲自拜访白崇禧，做白崇禧的工作，然后由白崇禧再去做李宗仁的工作，想必一定能收到好的效果。于是，周恩来、叶剑英来到了白崇禧的住所。在这次会见中，周恩来、叶剑英等除再一次建议在徐州地区打一大仗外，更重要的是详述了此次战役的全部思想和应采取的方针。周恩来以十分恳切的语气，精辟地分析了敌我双方的情况。周说，现在日军调集精锐部队，采取分进合击的作战方针，所以我们要避其锋芒，机动灵活地作战，一般不能打阵地战、消耗战，而是打运动战、游击战。在津浦线南段，一定要阻击日军北上。我们准备调张云逸的新四军第四支队，协同国民党的李品仙、廖磊两个集团军，采取以运动战为主、游击战为辅的作战方针，联合行动，运动于辽阔的淮河流域，使日军不敢贸然北上打通津浦线，为徐州地区发动大的战役创造条件；对于徐州以北、济南以南地区，采取阵地战与运动战相结合的方针，实施围点打援的策略，以达到出奇制胜，歼其一部，各个击破的目的，在徐州打一大胜仗。周恩来的陈述可谓切中要害，明确有力，计划周全，审时度势，充分表现了中国共产党人和军事家的远见卓识。白崇禧听后十分赞同，称“周公言之有理”。于是，周恩来明确提出，望白崇禧将军到徐州后，向李宗仁将军转达中共的这一建议，希望李宗仁将军早下决心。对此，白崇禧慨然答应，到徐州后一定向李将军面陈。不几日，白崇禧离开武汉到了徐州第五战区司令部，与李宗仁共商津浦线上的作战事宜。

周恩来、叶剑英等坚信在徐州地区打一大仗不仅十分必要，而且确有胜利的把握。他们认为这是一个极好的机会，但要实现这胜利，一、必须早下决心；二、必须早作准备。为了国家和民族的利益，狠狠地打击日军，扭转抗战败局，必须争取这个机会。为了进一步促使李宗仁接受这个建议，周恩来、叶剑英商量决定，派刚从江浙地区调至武汉任八路军办事处参谋的张爱萍，作为中共的全权代表，专程赴徐州，面见李宗仁，再次陈述周恩来、叶剑英等提出的战略思想和在徐州地区打一大仗的建议。

张爱萍临走前，周恩来对张又作了详细的交代，要张爱萍以八路军代表的名义，劝李宗仁在济南以南、徐州以北地区，与日军打一仗，要帮助他下这个决心。他还向张爱萍指出：李宗仁抗日爱国，桂系军队骁勇善战，打这一仗是有取胜把握的；同时，我们华东的新四军支队和华北的八路军也可以在战略上或战役上给予支持和配合，有的部队还可直接出击敌人。张爱萍接受了周恩来的指示后，很快来到了徐州，面见了坐镇徐州抗战的李宗仁将军及有关人士。

▲张爱萍，1938 年春任八路军总指挥部参谋，在八路军武汉办事处做统战工作。

此时此刻，李宗仁虽还未下打大仗的决心，但一直在考虑着周恩来的建议。张爱萍到来后，李宗仁也希望再听听中共方面的意见和考虑。张爱萍面见李宗仁，立即转述了周恩来、叶剑英的详细意见。

首先，张爱萍转述了周、叶等提出的在徐台地区打一大仗的重要性。张说，自 1937 年七七卢沟桥抗战以来，蒋介石指挥失误，将他的嫡系部队大量后撤，把非嫡系部队急调前线参战，屡遭失败，这是他一贯排斥异己、消灭异己的做法和必然的结果。尤其是南京沦陷、华北失守后，形成了国土沦丧，军民惨死，日军气焰嚣张，步步紧逼，抗战危机日益严重的局面。但是，日军也不是不可战胜的。八路军在华北苦战，狠狠地打击了日军，尤其是平型关大捷，给日军一次沉重的打击，振奋人心，大振士气。目前，抗日已到了重要关头，国民党军队如何行动，国人瞩目，特别是把希望寄托在徐州地区的战场上。发动这个战役，还可以粉碎日军南北夹击、会攻徐州，夺取战略要地，再攻郑州和武汉，速战速决，灭亡中国的计划。所以，打这一仗是极为必要的。

其次，张爱萍又进一步详述了打这一仗有把握取胜的理由。张爱萍向李宗仁指出：一、地形条件好。在徐州以北、济南以南地区有着打大仗的有利地形。尤其是台儿庄、张庄一带，都是山区，地形复杂，易守难攻，是伏兵之地，打伏击战、运动战极为合适。二、不会陷入孤军奋战的境地。在济南以南、徐州以北地区发动战役，在北面可以得到华北八路军主力在战略上的配合，八路军可在战役发动后，立即发动进攻，牵制和打击南下支援的日军；在南面可以得到苏北地区新四军支队的直接参与。三、日军既是骄兵，又是孤军深入。尤其是日军矶谷师团占领济南以后，妄图直取徐州，以夺首功。所以，他采取了长驱直入，迅速夺取徐州的战略。对于这样的骄兵、孤军，只要在徐州以北地区以优势兵力进行伏击，定能取胜。四、桂系部队上下团结，英勇善战，司令长官又崇尚民族气节，抗日爱国，善于指挥，定能做到全军一致，同仇敌忾，协力奋战，夺取胜利。所以，打胜此仗，确有把握。

最后，张爱萍又提出要打胜此仗，必须从速决断。张爱萍以建议的态度对李宗仁说，打胜此仗，虽有必胜的把握，但必须从速决断，不要失去良机。对此战役，在决断上宜早不宜迟，必须做好充分的准备；在速度上宜速不宜缓，要赶在日军南下之前，调集完参战的部队；在用兵上宜聚不宜散，要集中优势兵力，打伏击战，对日军的孤军深入，出其不意，攻其不备，速战速决，歼灭敌人。

张爱萍在详述三方面理由后，担心李宗仁还下不了打仗的决心，又非常直率地说了他对蒋介石的看法。张爱萍说，蒋介石把他的嫡系部队悉数后撤，而把非嫡系部队又统统调往前线，其用心十分明显。一方面，急调非嫡系部队，包括远在广西的桂系部队，进行抗日，以收抗日的美名；另一方面，又使这些非嫡系部队由于种种原因，在抗战中不能取胜，以此削弱这些部队的力量，达到他消灭异已保存嫡系实力的目的，这是蒋介石一贯的手段。而现在，若李将军打胜这一仗，必将收到一举多得的效果。既可以消灭日军，打击日军气焰，又可以提高非嫡系部队的威望，振奋全国人民的抗日精神。李将军及其所属部队也扬名天下，永留青史，在国民党军队中的威信也会大为提高。所以，万望李将军从速决断，勿失良机。

在张爱萍的劝说下，富有抗日爱国精神的李宗仁将军终于作出了决断，向张表示：我已决定在徐州地区打一仗，请你转禀周副部长，他的建议很好，我们一定认真筹划。

李宗仁将军接受了周恩来、叶剑英、张爱萍等人的建议后，迅速地作出了在徐州地区台儿庄一带打一大仗的战略决策，并开始了实际的部署。对此，张爱萍十分高兴。他似乎看到了这个战役的重大胜利，也深感不负周恩来、叶剑英的委托，完成了劝说的任务。但是，为了确保这场战役的胜利，张爱萍在返回武汉之前，又一次向李宗仁转述了周恩来、叶剑英提出的战略方针：南阻北打，围点打援，集中优势兵力，实施运动战与阵地战相结合的方针。历史表明，这个方针是制日军于死地的正确方针。对此，李宗仁是十分赞同的，而且也确信完全有把握将沿津浦路北上的日军阻击于安徽滁县、明光地区，而集中力量打击和歼灭从济南南下的日军；坚信坚守滕县、临沂等城，采取运动战和阵地战相结合的方针，充分发挥桂系部队骁勇善战的特点，以及其他部队爱国抗日与日军决一死战的精神，就一定能取得战斗的胜利。

▲津浦路济南火车站

张爱萍完成动员任务后迅即离开了徐州。第二天，李宗仁按照周恩来、叶剑英提出的方针，开始了大规模的军事行动和部署。历史证明，中国共产党人周恩来、叶剑英、张爱萍等人的建议不仅是非常正确的，而且也十分及时，为李宗仁指挥打胜台儿庄战役作了战略思想和战略方针上的充分准备。如果没有他们抓住机会，积极主动地做好李宗仁的动员建议工作，也许会失去这个战机。当然，台儿庄战役的胜利，还在于李宗仁将军对这一战机的深刻理解和把握，并付诸实施，打出了一个震惊中外的胜利之仗，以辉煌的战绩载入中国人民八年抗战的史册中。

一场十分艰难、激烈、残酷的台儿庄战役很快开始了。日军万万没有料到，区区的十几万哀兵、败兵会打得如此凶狠，难道飞机、大炮、坦克，打不过大刀、手榴弹、步枪吗？蒋介石也没有想到，李宗仁指挥的“杂牌军”，能与日军的矶谷师团、板垣师团相匹敌。淞沪战役投入如此多的嫡系部队还不能夺取胜利，徐州战役能有一个胜利的结局吗？蒋介石很为怀疑，他对胜利不抱有希望。

将日军阻击于淮河以南

要夺取台儿庄战役的胜利，首先必须将沿津浦路北上的日军阻击于淮河以南，使其无法与从济南南下的日军会合。这是战役实施的第一步，完不成这一步，就不可能夺取胜利。那么，由谁来担当此阻击的重任呢？经过反复思索，李宗仁决定，急调现驻在苏北海州地区的第三十一军，进入安徽省的滁县、明光地区，利用有利地形，实施运动战，打击北上日军。如能实现这一步，就等于把日军分割于淮河南北两地使其相望而不能相救，为台儿庄战役的胜利创造条件。所以这一行动表示了李宗仁一定要打胜这一仗的决心。

第三十一军是李宗仁的桂系部队，军长刘士毅下辖131、135、138共三个师。这个军虽然是新成立的，士兵均为新入伍的广西农民子弟，但班长以上的干部多系北伐前桂系军队的老班底。他们不仅有作战经验，而且跟随李宗仁多年，绝对听从李宗仁的指挥，调动起来得心应手，如臂使指。同时，全军上下对日军侵略中国，残害中国军民的暴行义愤填膺。

正值此时，有一位从淞沪战场上下来的广西籍排长，向部队讲述了他亲眼所见日军屠杀中国百姓，并烤其肉吃的野蛮、残暴的行径，更加激发了全军上下的抗日情绪，他们誓与日军决一死战。

所以，将第三十一军调往安徽滁县、明光地区阻击敌人，李宗仁相信，他们一定能出色地完成任务，定能以少胜多，将日军阻击于淮河以南，使日军无法南北会合，夹击徐州地区的中国抗日军队。

从津浦铁路南段北上的日军为畑俊六指挥的兵团。1937年12月中旬，这支日军部队约有八个师的兵力，先后从镇江、南京、芜湖等三个地区渡江北进；在津浦路正面的日军约有三个师兵力，为第三十一军的数倍，且武器装备都强于第三十一军。在日军看来，他们夺取蚌埠、徐州等地，只不过是旅次行军。他们没有料到当部队行至安徽明光以南地区时被中国的国民党军队所堵截，并吃了不少败仗。第三十一军在明光地区人民和新四军一部的支援下，与日军血战逾月，打得十分激烈，使日军不能越雷池一步，锐气大减。这为台儿庄战役的部署和发动争得了时间。同时也粉碎了日军企图迅速打通津浦路的计划。在此情况下，日军为实施原有计划，不得不从南京调集大批援军北上，并配以大量的坦克、野炮等重型武器。对于这一情况，李宗仁深知第三十一军不论人数还是武器装备，都无法与日军抗衡。所以，李宗仁及时作出决策，在日军主力进入明光一带时，命令第三十一军于1938年1月18日迅速西撤，将津浦路正面让开。当然，这一方面使日军迅速地侵占明光、定远、怀远以及安徽重镇蚌埠等地，向北推进，但另一方面也使日军拉长了战线，为把日军阻击于淮河以南创造了条件。因为，日军侵占明光、定远、蚌埠等地时，始终没有找到第三十一军主力，未能达到与之决战的目的，所以第三十一军不仅没有受到损失，而且还争得了主动。

当日军进至淮河以南地区时，出现了这样的形势：一方面由于淮河北岸国民党军于学忠部的阻击，日军难以渡河北上；

▲会战中的日军战车队

另一方面在蚌埠以南地区，由于第三十一军不断出击，日军不得不调回主力与第三十一军作战。这是李宗仁决心把日军阻击于淮河以南所采取的又一个重要步骤。于学忠部第五十一军原在青岛驻防，李宗仁命令他率部迅速赶到淮河流域，布防于淮河北岸，迎击强渡淮河的日军。同时又命令西撤的第三十一军突然出现在日军的左侧，以运动战方式向东出击，将津浦路截成数段，四处围歼孤立之敌，再加上新四军一部也不断地出击，从而使开进淮河附近的北上日军处在战略的包围之中。而在津浦线南段的日军也无法控制已占地盘，于是不得不下令将主力南撤，沿津浦路与第三十一军展开拉锯战。此时第三十一军采取了灵活机动的作战方针，当日军进攻时，第三十一军立即撤退，避开日军主力；当日军撤退时，第三十一军立即展开进攻，不断出击，打击日军，使日军难以控制津浦线南段。后李宗仁又把第二十一集团军调至安徽合肥布防，中国军队力量大为增加，日军更不敢贸然北进。所以，很快在津浦线南段，敌我双方形成了胶着状态和隔淮对峙的局面。

这一局面的形成，可以说是李宗仁指挥得当的结果：第一，调第三十一军阻敌于明光地区；第二，调第五十一军布防于淮河以北；第三，调第二十一集团军进驻合肥抗战。它实现了集中力量击破由南京方面北上日军的作战方案。同时，李宗仁对第三十一军、第二十一集团军等部队全体官兵英勇作战不怕牺牲的大无畏精神十分满意。尤其对第三十一军，他说，这一战役的关键是第三十一军执行命令彻底，敌进我退，敌退我进，始终盯住津浦线，使日军不能迅速北上。同时，李宗仁也庆幸自己有这样一支亲手训练出来的敢打敢拼的子弟兵，调动起来，如臂使指，十分方便。若是其他部队，恐怕西撤后在日军加大压力之后，不敢再乘虚东进，袭击敌人后路，日军早已渡过淮河，与南下之敌会师于徐州了。

这一局面的形成，也可以说是李宗仁抗日爱国决心的结果。卢沟桥事变后，于1937年7月下旬，蒋介石发电至桂林，约李宗仁和白崇禧赴江西庐山与他共商抗日大计。李宗仁、白崇禧接电后，立即复电：中央已决心抗战，我辈誓当拥护到底。复电后白崇禧当即赴庐，而李宗仁暂留桂林，筹划全省动员抗日事宜，稍有头绪，立即兼程北上，直赴庐山。

广西平时仅有十四个团的兵力，但自从1933年起实行征兵制，即当兵训练一年后退伍回家，实行寓兵于农的政策，所以，到1937年卢沟桥事变发生时，广西已有四届经训练的士兵退伍还乡，各级干部也储备齐全，这可以说是桂系军队独有的特点。只要李宗仁一声号召，各县农民蜂拥前往县政府报到入伍，终因报到人数太多，只好采取抽签方式决定取舍，不满一月时间，便编成四个军，共四十个团。所以，李宗仁十分自豪地说："开中国近代史上，军事动员前所未有的先例。"这四个军后又编为三个集团军，即第十一集团军，总司令为李品仙；第十六集团军，总司令为夏威；第二十一集团军，总司令为廖磊。各军成立后分别集中在桂林、衡阳、岳州、武汉等地，以听候中央统帅部调遣。这三个集团军虽然重武器不多，但轻重机枪和步枪均系自己新制或购自欧洲的武器，配备较好，士兵一律戴捷克制的钢盔，士气旺，纪律好，军容整齐。所以，调往抗日前线后，各军在战场上都有出色的表现。尤其是第二十一集团军，参加了淞沪抗战，表现了极强的战斗力。在淞沪抗战中，第二十一集团军牺牲上万人，六个旅长，三死二伤，为淞沪抗战作出了重大的牺牲，给中外新闻界留下了深刻印象。

▲第五战区的桂军将士（资料图）

日军攻下南京后，对徐州采取南北夹攻，南段主攻、北段主守的战术。这是由于在南段，日军无后顾之忧，沪宁一线全在日军手中，武汉地区国民党也无主力部队可以东下，然而在北段不同，一有国民党第五战区主力部队驻守，二有华北的八路军正开展大规模的游击战。所以，日军攻下津浦线，必取南段主攻的战术。然而，他们没有估计到李宗仁将广西部队主力放于滁县、明光地区，也没有估计到桂系军队如此的骁勇善战。所以，当日军从镇江、南京、芜湖三地渡江北上会攻徐州时，受到了顽强的抵抗。尤其从南京北上的日军主力，很快受阻于明光以南地区。桂军采取了运动战为主、游击战为辅的方针，不断地打击日军，将日军阻于明光一带一月有余，这对于日军是一个沉重的打击。后来桂系部队奉命西撤，让开津浦路，使日军误认为中国军队已被击溃。日军虽侵占了明光、定远、怀远、蚌埠等地，但又受阻于淮河以南，并且不断地受到第三十一军的出击，无法向北进攻，日军司令部不得不改变方针，以津浦路北段为主攻方向。

韩复榘不战而撤受处决

津浦路北段的保卫战，原由第五战区副司令长官兼第三集团军总司令韩复榘指挥。韩部下辖两个军，第十二军，军长孙桐萱；第五十五军，军长曹福林。这两军一直驻在山东境内实施防务。抗战爆发后，国民党中央军委把韩部划入第五战区，并任命韩复榘为副司令长官，阻击从津浦线北段南下之日军。韩部两军虽然差强人意，但在山东人民的支援，以及华北八路军在战略上的配合下，日军也不敢贸然南下，所以一开始日军对津浦路北段采取了主守的战术。

韩部划入第五战区肩负抗击从津浦路北段南下日军之重任，李宗仁是很不放心的。因为他知道，韩复榘和国民党中央素有隔阂和矛盾。当然，这也属于蒋介石一贯实施歧视非嫡系部队政策所造成的，这已是天长日久的事了。然而，现在情况不同了，已不是十年内战时期调他去打内战，而是实施全民族抗战，大敌当前，持何态度，关系到民族和国家的生死存亡。可是，韩复榘对抗战缺乏信心，只图保存自己的实力。他总认为留得青山在，不怕没柴烧，有了军队就有了一切，因此，断不能在抗战中将他的两个军消耗掉。所以，他不敢与日军作战。对此，李宗仁早有耳闻。他一到徐州后，很快赶到了济南，会见了韩复榘，并在韩复榘的总司令部住宿，与韩彻夜交谈。李宗仁虽第一次与韩复榘见面，但谈得还很合意。韩复榘虽是一个识字不多、言谈也很粗俗的人，但人生得眉清目秀，俨然是一位白面书生。他见李宗仁后开门见山地问："长官，你看我们抗战有把握吗?"这正是李宗仁赶到济南会见韩复榘要谈的问题。在李宗仁看来，不解决这个问题，韩复榘是不会积极抗战的。所以，李宗仁同韩复榘聚谈通宵，反复解释："抗战有把握，最后胜利必属于我!"在国民党的高级将领中，真正认识到中国抗战必胜的道理的人不是很多的，而李宗仁是其中的一个。他认为，中国的抗战是不得已的，日本逼得我们无路可走，只有抗战与亡国两条路，我们只有选择抗战之路。因为日本侵略中国，不仅是中日两国之间的事，而且是具有国际性的问题。到一定的时候，欧战必然爆发，美国必然挺身而出，与日本作战，到那时，我们的抗战必然有转机。李宗仁的这番分析，使韩复榘开始认为抗战是有前途的。

把中国抗战胜利的希望寄托在欧战的爆发和美国的参战上，这是国民党将领中一个较普遍的看法。他们看不到中国人民的伟大力量，不依靠全国人民抗战，李宗仁也不例外。这就造成了他们一方面虽然持积极抗战的态度，另一方面却等待时机的到来。所以，国民党中央所谓抗战的战略重点便是以时间换取空间，以待世界局势的转变。李宗仁以此观点反复地劝说韩复榘：我们抗战能拖得愈久愈好，千万不能泄气。韩复榘听了李宗仁对局势的分析与估计，也开始认为抗战是长期的，是有前途的，汉奸是当不得的，但是，他仍坚信一条：保存实力是第一要务。于是，他不作拼死抗战，不愿将两个军在抗战中消耗掉。尤其是日军攻下平、津，沿津浦路南下之时，韩复榘开始向日军妥协投降。他秘密派代表与日军华北派遣军总司令小矶国昭和津浦路北段指挥官西尾寿造进行接洽，希图妥协。

但双方条件相去太远，无法成功。日军要韩复榘宣布山东独立，充当汉奸傀儡，对于这一点，韩复榘不能接受，因为他清楚这是对日军无条件地投降。成立傀儡政权，为日军效力，这将成为民族的败类。而韩复榘只图日军不犯鲁境，以实现他既保存军队实力，又保持山东地盘的目的。当然，这是不可能的。日军力图促使韩复榘充当汉奸，为实现这个罪恶的目的，采取了占领津浦路北端后迟迟未渡黄河、攻击济南等地的做法，以待韩复榘的叛变。

然而，到 1937 年 12 月中旬日军攻下南京后，夺下津浦路全线，已成为日军会攻武汉前必须实现的一个战略部署，于是，日军采取了强硬态度，强迫韩复榘接受日方条件，但是，韩复榘不从。于是，日军于 12 月 23 日从清城、济阳间渡过黄河，向南进攻。27 日，日军攻入济南，韩复榘不战而退，日

▲日军从中国守军弃守的黄河阵地登岸

军轻易地占领了济南，后又调兵南下，31 日，泰安沦陷。1938 年 1 月 2 日，韩复榘又放弃在大汶口阻击日军的机会，使日军于 1 月 5 日攻占济宁，造成了日军沿津浦路长驱南下的局面。在津浦路北段形势十分严峻的情况下，李宗仁在徐州得到报告后，立即命令韩复榘循津浦线后撤，设险防守。可是，韩复榘不听命令，竟率所部两军，舍弃津浦线，向鲁西南撤退。这不仅完全破坏了第五战区李宗仁制定下达的“先拒南下之敌于黄河北岸，而后集中主力击破由南京北上之敌”的作战方案，而且使津浦路北段正面大门洞开，大批日军乘虚南下。后来，幸亏沿路还有少数部队，拼力死守，才阻止日军迅速前进。

李宗仁对韩复榘不战而撤的行为十分愤慨。他严电斥责韩复榘违反国民党中央军事委员会确定的“各战区守土有责，不得退守其他地区”的命令，令他重入泰安，坚持抗战，坚守国土。然而，韩复榘不但抗命不从，反而复电说：“南京失守，何有于泰安?”“全面抗战，何分彼此。”李宗仁对韩复榘不与日军作战，轻弃黄河天险，屡次抗命，造成津浦路北段战争失利的局面，电告了国民党中央军事委员会。

韩复榘不战而撤的行为，自抗战以来首次发生，如不严肃处理，必将无法动员军民抗战到底。此事也引起了各界人士的严重关注，一致要求国民党中央军事委员会严肃惩处韩复榘，呼声十分强烈。

1938 年 1 月 15 日，国民党中央军事委员会统帅部发出命令，要第一、第五战区师长以上的军官，可以暂离阵地的都要齐集商丘参加军官会议。参加这次会议的，除第一、第五战区的国民党部队的军官外，还有八路军的主要将领朱德、彭德怀、林彪、贺龙、刘伯承等共 80 多人。对于这次会议韩复榘十分担心，害怕蒋介石会处置他。所以，在会前，韩复榘曾派专人到徐州向李宗仁请示，问他应否亲自出席这次军事会议。李宗仁回答得十分干脆："应该去！"于是，韩复榘如命前往。

在这次会议上，先由蒋介石讲话，后由第一战区司令长官程潜和第五战区司令长官李宗仁报告战况。但会议只听讲话而不讨论，几个人讲完话就散会。蒋介石在会上说，首都南京已失陷了，但中国政府决心抗战到底，高级将领要有坚持抗战和为国牺牲的精神。蒋介石除讲话外，还作出了逮捕、惩处不遵守命令，擅自撤退的山东省政府主席兼第三集团军总司令韩复榘的决定。但这个决定蒋介石并没有在会上宣布。

当与会人员散会后纷纷离去时，刘峙突然起立对韩复榘说："韩总司令请慢点走，委员长有话要同你讲！"韩复榘闻言只好留下，但十分紧张，感到大祸即将临头。离会人员也议论纷纷，说："韩复榘糟了！"此时，会场内虽只有李宗仁等几个人，然而蒋介石的便衣卫士仍在会场内站着，等待刘峙下达命令。刘峙见会场内只有李宗仁等几个人后就对韩复榘说："韩总司令，你可以跟他们去。"韩复榘一听顿时脸色发青，垂头丧气地跟几个卫士走了。

蒋介石逮捕韩复榘的行动很快地传开了。这个行动对国民党的将领可以说是一个震惊，说明韩复榘的路是走不通的。养兵千日，用兵一时，国难当头，不战而败，弃人民不顾，弃国土不守，这是天地不容、人民不饶的罪恶。

1938 年 1 月 15 日下午，蒋介石又在商丘行辕内召开了一个小型会议。出席者除蒋介石外，只有程潜、白崇禧、李宗仁三人。会议一开始，蒋介石就声色俱厉地说："韩复榘不听命令，擅自行动，我要严办他！"并向程、李两位战区司令长官宣布逮捕韩复榘的命令和理由。程潜听后也说："韩复榘应该严办，这种将领不办，我们的仗还能打下去吗？"李宗仁虽然没有说什么附和的话，但他对韩复榘不遵命令，擅自败退鲁西南，将津浦路北段大门洞开，使日军长驱南下，一举夺取济南、济宁等战略重镇，对徐州造成严重危急的局势，早已报告国民党中央军事委员会。所以，大家也都明白他的态度。于是，会议开始讨论另一个问题，即实施所谓的军政合一。自抗战以来，地方行政机构往往不能配合军事上的要求，严重影响作战，所以，提议以战区司令长官兼辖区内的省政府主席职务，即程潜任河南省主席，李宗仁任安徽省主席。

▲徐州会战期间蒋介石（中）与李宗仁（左）、白崇禧（右）合影

这次会议后，国民党中央军事委员会对战区和战略部署又作了调整。主要是以武汉为核心，开展津浦线方面作战，阻敌

南下，力保晋南、豫北，以保障武汉重镇；在山西方面，提出“反攻太原”口号，阻挡日军向晋南、豫北推进。

这次会议结束后，第一、第五战区的军官们都迅速地返回到各自的驻地，以尽抗战之力。

不久，虽未经军事法庭审判，蒋介石将韩复榘枪决于武昌。此事传出后，使国民党军队中的各级官兵受到震动，全国人民举手称快。尤其是山东群众拍手叫好，他们对韩复榘恨之入骨。山东的百姓说，韩复榘在山东，平时搜刮民财，扩张武力，日军侵入山东，擅自败走，不顾人民的死活，使百姓遭受日军残杀，使日军轻而易举地占领了山东的不少县城，他罪该万死，杀了他真是大快人心。

处决韩复榘，对日后的滕县保卫战、临沂大捷以及台儿庄战役都有很大的影响，它使参战部队认识到，应在战场上为国捐躯，拼死到底，决不能投降叛国，这是军人的天职和荣耀；而不战而逃，不顾国家和民族的利益，让日军在中国大地上施行暴虐，是军人的耻辱。所以，在后来的战役中，打出了一个又一个的胜仗。

临沂大捷

1938 年 1 月 12 日，日军板垣第 5 师团在山东青岛崂山湾、福岛两地强行登陆，入侵青岛市区。日军占青岛后，迅即沿胶济铁路线西进，至潍县后转向南下，经高密沿诸城、莒县一线，进逼临沂，与津浦线上的日军矶谷师团呼应，齐头猛进，企图夺取徐州，打通津浦线，再与淮河以南的日军会合，合攻武汉，以实现灭亡中国的目的。

临沂，是鲁南重镇，兵家必争之地，也是徐海的屏障，保卫徐海，必战临沂。所以，临沂的战略地位十分重要。临沂距台儿庄只有 90 公里，如临沂一失，日军可从青岛直奔台儿庄、徐州等地，威胁陇海、津浦两路的安全。为此，临沂成了日军的必夺之地、必战之场。

1938 年 2 月上旬，临沂告急。李宗仁急调第四十军前往临沂，固守县城，堵截日军南下，于是开始了一场极为英勇壮烈的临沂保卫战。

庞炳勋为第三军团长兼第四十军军长。该军自 1937 年 10 月于沧县抗击日军后，调至东海、连云港等地，一面补充军队，一面在连云港至临沂城一带设防。休整历时三个月，人员和武器都得到了一定的补充，全军共有 1.3 万余人，有步枪 8000 多支、手枪 900 支、轻重迫击炮 60 门、重机枪 60 挺、轻机枪600挺、掷弹筒200个、山炮4门、战马300匹。庞炳勋虽年逾花甲，但久历戎行，经验丰富，抗日爱国。他能与士卒共甘苦，同生死，廉洁爱民，为人称赞。他部虽久为国民党中央所歧视，武器装备较差，但仍具有一定的战斗力。所以，这次将庞部编入第五战区序列，为保卫徐州之地而战。

1938年2月上旬，庞部奉命调至临沂抗敌。对这次抗敌，庞炳勋曾在李宗仁面前起誓："能在长官之下，为国效力，天日在上，万死不辞，请长官放心，我这次不再保存实力，一定同敌人拼到底。"这是庞炳勋的誓言，也是全军的决心。在过去，庞炳勋为保存自己的实力，不愿出兵出力，在国民党中久有传闻。但那是因为去打内战，而现在是抗日，所以庞炳勋采取了完全不同的态度。2月中旬，庞部在临沂集结完毕，他立即派人查看临沂周围的地形，并召开营长以上长官及各级参谋联席会议，研究敌情及制定作战方案，作各方面的临战准备。

▲临沂古城

临沂战役是一场激烈的阻击战。整个战役从1938年2月26日李宗仁命庞炳勋部派兵支援莒县防地起，到4月19日部队撤离临沂止，前后达五十多天，参战部队虽伤亡甚重，但大量地歼灭了敌人，赢得了临沂大捷。仅在 3 月 14 日至 18 日的五昼夜激战中，共歼敌 2000 多人，创下了国民党“杂牌军”一举歼敌数千人的奇迹。所以，得到了蒋介石、李宗仁的传令嘉奖。《大公报》于 1938 年 3 月 26 日发表社论《临沂之捷》，高度赞扬了参战部队的爱国决战精神，以及高度评价了临沂大捷的政治和军事意义。

增援莒县，抗击日军南下是庞部到达临沂后的第一仗。1938 年 2 月下旬，日军板垣师团向诸城、沂水、莒县前进。有步兵、炮兵 2000 多人与中国海军陆战队沈鸿烈部和第五战区第一游击司令刘震东部发生激战，但沈、刘两部已渐渐不支，日军有进逼临沂之态势。于是，李宗仁电令庞炳勋派兵支援。庞接电后，命 115 旅旅长朱家麟率所部 229、230 团增援莒县。2 月 26 日，229 团到达莒县，进城占领阵地，阻敌入城；230 团进驻莒县城西一带村庄，与城内部队相呼应，随时出击攻城之敌。2 月 27 日，日军采取了一部牵制 230 团，使 230 团无法出击，而另一部攻城的作战方法。战斗从拂晓打响，到当日下午 2 时，229 团才把日军打退。但到当日半夜，日军又大举攻城，229 团将士在团长邵恩三的组织下，奋起反击，将偷袭日军完全消灭。可是，到 28 日拂晓，日军再次攻城时，229 团虽组织火力反击，但未能奏效。邵团长虽坚决主张进行巷战，与城共存亡，但 229 团已处于劣势，遂下令全部守军撤离莒县城池。在这次战斗中，虽杀伤日军 200 多人，但 229 团伤亡达 500 多人。

垛庄阻击战。1938 年 3 月 9 日，日军沿蒙阴公路南下，庞炳勋获悉后，命令第四十军的补充团出击。在团长李振清的率领下，全团立即向蒙阴方向出发。行至离垛庄还有四十里处，

▲第三军团在战壕中与敌军作战

发现一村庄内有日军百余人，携小炮 1 门、重机枪 1 挺，据村而守。李团长命部队攻击，但日军龟缩在村内，不敢还击。后日军乘夜逃往垛庄。李团长命部队追至垛庄，实施攻击。但日军据寨死守，用机枪还击。李团长一面派兵攻寨，一面派第一营到离垛庄八里的大石桥附近埋伏，阻击援敌。晚 7 时，有敌汽车 6 辆，在两辆战车的掩护下，自蒙阴南下增援，到大石桥时，埋伏在大石桥的一营战士立即发起攻击，炸毁汽车 3 辆，缴获 1 辆，击毙日军数十人。3 月 11 日，由于日军主力进攻临沂正面的汤头、葛沟一线，军部命令补充团立即回临沂增援。3 月 12 日，日军从垛庄撤走时将被打死的日军尸体装入 6 辆汽车。

汤头抗敌。3 月 2 日，日军由莒县向临沂前沿阵地汤头逼进。116 旅在汤头设防阻击。3 月 3 日，战斗打响。日军上有飞机轰炸，每日数次，下有坦克掩护，不断地向汤头冲击。但 116 旅全体将士坚守阵地，战斗异常激烈。战士们个个英勇作战，不怕牺牲，坚守阵地达六天，杀敌数百人，使日军无法夺下汤头。后因 116 旅伤亡过重，军部令其放弃汤头，撤至后方整顿待命，日军才得以占领汤头。日军占领汤头后，直向太平、白塔前进。军部命令 116 旅大部坚守阵地，拖住敌人主力，另调 116 旅的补充团和 115 旅的 229 团左右夹击日军，战斗尤为激烈。229 团的 3 营营长汪大章身先士卒，冲锋陷阵，壮烈牺牲。日军不得不于 3 月 6 日放弃太平、白塔一带阵地，撤回汤头镇，整顿待命。在汤头抗敌中，杀伤日军数百人，使日军难以南下。

3 月 9 日，日军以板垣师团田野旅团为主力，5000 多人，配备大炮 30 余门、坦克 20 余辆，从汤头镇出动，企图强行通过临沂，向台儿庄进逼。

▲台儿庄战役中的板垣师团运输队

临沂争夺。临沂为台儿庄、徐州的屏障，临沂一失，日军可直指徐州城下。所以，保卫临沂极为重要。对此，李宗仁等作了一系列的部署：以 116 旅为临沂正面防守部队，担任主守任务；以115旅的大部为防护部队，以115旅的229团、116旅的补充团及特务营、工兵营为预备队，随时出击，打击日军，并由39师师长马法五为前线总指挥。同时，又令张自忠部火速增援，派第五战区司令部参谋长徐祖贻前往督战指挥。李宗仁还对前线将士下令“临沂为台徐屏障，必须坚决保卫，拒敌前进”。

3月9日，战斗打响。11日，日军迫近临沂，敌机轮番轰炸，大炮不断射击，守军将士伤亡甚重，但激战至3月12日，号称“大日本皇军中最优秀的板垣师团”仍无法夺下临沂。当时，在徐州观战的中外记者和各国的武官不下数十人，都想不到一支名不见经传的所谓“杂牌军”，能打败日军中最优秀的“皇军”，一时歌声四起。板垣征四郎为夺取临沂，令部队不惜一切代价反复冲杀。庞炳勋部据城死守，英勇杀敌，使日军不能越雷池一步，但伤亡巨大，战况十分危急。

3月12日下午，第五十九军军长张自忠奉命率38师将士赶到临沂城下支援，临沂守军见援军已到，士气大振，誓与板垣师团血战到底。

在第五战区参谋长徐祖贻的主持下，召开了庞、张两部军事会议，研究了战况，确定了采取反守为攻，正面坚守，两翼迂回，抄袭敌后，一举歼敌的战略，并作了如下具体的分析和部署：

对敌情判断：当前之敌系日军板垣师团田野旅团之全部，附有重野炮30余门、坦克20余辆，并有飞机六七架助战，企图攻陷临沂，向台儿庄进攻，目前尚无后续部队到达，共5000多人。

我军意图：准备在临沂附近将当前之敌一举歼灭。

部署要点：以第五十九军军长张自忠指挥该部黄维纲师，

自诸葛城的我军左翼向敌右后方作猛烈袭击，奏效后向汤头镇追击前进；以第四十军 39 师 116 旅附炮兵营坚守诸葛城至郁九曲之线阵地，牵制日军主力；以第四十军 39 师补充团及该师骑兵连自郁九曲以南向敌军左后方猛烈袭击，在汤头镇与张军会合；以第四十军 39 师 115 旅工兵营及军属特务营为机动部队，由第 39 师师长马法五指挥，随时策应各方。并决定于 3 月 14 日晨 4 时出击。

3 月 14 日凌晨 4 时整，攻击开始了。

首先，由张自忠部攻击日军背后。当日军调动主力与张部激战时，庞部正面守军也发起攻击，腹背夹击日军主力。此时，由于中日两军胶着在一起，使日军的飞机、大炮、坦克等均失去威力，无法施虐。在这场短兵相接的战斗中，双方激战五昼夜，中国军队虽有重大伤亡，但歼灭日军达 2000 多人，使日军板垣师团不得不全线败退。于是，庞、张两部乘胜追击，直至汤头镇，使日军不得不又向莒县逃窜。

▲中国军队奋勇冲向敌阵

3 月 18 日，临沂保卫战结束。

蒋介石、李宗仁传令嘉奖庞、张两部全体将士！

在临沂战役中，庞炳勋部顽强作战，战功赫赫。同时张自忠率部支援，英勇作战，功不可没。张部原是奉命从豫东调往津浦线淮河北岸，增援于学忠部的，以阻挡日军北上，确保徐州安危。后因临沂吃紧，李宗仁临时决定把张部急调临沂增援，才形成了在临沂城外夹击日军，打得日军板垣师团不支，不得不仓皇撤退的局面。

临沂大捷，使日军板垣、矶谷两师团拟在台儿庄会师的计划彻底粉碎，形成了在台儿庄血战时，矶谷师团孤军深入，遭受中国军队沉重打击，而板垣师团无法援救的败局。所以，临沂战役的胜利，为台儿庄战役的大胜创造了契机。

临沂大捷，是李宗仁将军用兵之当和用兵之精的结果，即在国家和民族危亡关头，将蒋介石排斥歧视的“杂牌军”团结起来，充分给予信任，放在最紧要的位置上，让他们为国立功。庞、张两部，都属于“杂牌军”系列，尤其是张自忠部，国民党中央军事委员会正在采取措施对其进行排斥和打击，只因李宗仁说情争取，才暂时得以幸免。

张自忠原为宋哲元第二十九军中的一位师长。后由宋哲元保荐国民党中央，委任为北平市市长。在七七卢沟桥抗战前，日军推行华北特殊化政策，张自忠以北平市市长身份，奉宋哲元之命与日军周旋，可谓忍辱负重，而外界人士不明内情，骂张自忠为卖国求荣的汉奸。七七卢沟桥抗战后，张自忠率部仍在北平坚守多日，并与日军多次交涉，因此外界舆论纷纷，攻击更甚。不久，日军占据平津，张自忠率部南撤。可是，在南京城内，有不少人呼吁国民党中央对张严办，以儆效尤。此时，张自忠百喙莫辩。更有甚者，在国民党中央军委中有人主张组织军事法庭会审张自忠，一些居心不良之徒，也想乘机收编张自忠的部队，从而在国民党中央推波助澜。正在此时，李宗仁将军抵达南京，闻及此事，并作了调查，认为张自忠断不是当汉奸之人，他治军严明，善于指挥作战，不愧为一员勇将，有强烈的爱国之心，所以，托人约请张自忠与他见面。李宗仁见到张自忠后，开门见山地说："荩忱兄，我知道你是受委屈了。但是我想中央是明白的，你自己也明白的。我们更是谅解你。"可是张自忠说："个人冒险来京，带罪投案，等候中央治罪。"李宗仁又说："我希望你不要灰心，将来将功折罪。我预备向委员长进言，让你回去，继续带你的部队！"对此，张自忠当即表示："如蒙李长官缓颊，中央能恕我罪过，让我带罪图功，我当以我的生命报答国家。"

这次谈话，对张自忠关系极大。后来，李宗仁先与何应钦商谈，何也有意成全。于是李宗仁直接去见了蒋介石。李宗仁陈述了自己的看法，认为张自忠是一位忠诚的战将，决不是想当汉奸的人。现在，他的部队在豫，中央应该让他回去带他的部队，将来为国立功。如果中央留张不放，他的部队又不接受命令，结果受激成变，真去当汉奸，那就糟了。所以，倒不如让他回去，带罪图功。蒋介石听后，与其说是对张自忠有所宽容，不如说是听从了李宗仁的劝说，给李宗仁一个面子，于是同意了李宗仁的意见："让他回去！"说毕，立即拿起笔写了一个条子，命张自忠即刻回到本军中，并编入第一战区战斗序列。

张自忠离南京返回部队前，特向李宗仁辞行，并感谢李宗仁说，要不是李长官一言九鼎，自己纵不被枪毙，也当长陷缧绁之中，为民族罪人。今蒙长官成全，恩同再造，有生之日，当以热血生命以报国家，以报知遇。

1938 年 2 月，由于淮河前线吃紧，才把张部第五十九军从第一战区调往第五战区。由于李宗仁在张自忠危难之际曾在蒋介石面前保荐，张自忠免遭不白之冤，所以，张部调往第五战

▲张自忠与第五战区高级将领在第五战区长官司令部驻地湖北老河口合影。左起：吴仲直、高永年、刘汝明、王鸿韶、郭忏、汤恩伯、孙连仲、李宗仁、张自忠、黄淇翔、韦永成。

区，受李宗仁指挥，使张自忠大喜过望，愿为第五战区出力。然而，他到第五战区时也有一些顾虑，因为他不愿和庞炳勋在同一个战场上作战，他认为庞炳勋是一个不仁不义之人。

1930 年在蒋介石、阎锡山、冯玉祥进行中原大战时，庞炳勋、张自忠都是冯玉祥的部下，相互间如同兄弟，是冯系的两位主将。但庞炳勋后因受蒋介石收买而倒戈反冯，且出其不意地袭击张自忠师部，使张险遭不测。因此，张自忠此次调往徐州后，曾坦诚地向徐祖贻参谋长陈述过这一苦衷，也表示在任何战场上皆可拼一死战，唯独不愿与庞炳勋在同一战场上，不愿受庞炳勋指挥。所以，李宗仁把张自忠调往了淮河战场。

可是，徐台战役形势的发展，非把张自忠与庞炳勋拼在一起不可。一方面，由于淮河以南北上的日军已南撤，并被桂系军队紧紧地拖住，暂时无法北上，所以淮河北岸形势已趋缓和；而另一方面，临沂战场又十分吃紧，庞炳勋部急请支援，如不支援，庞部无法坚守临沂，而第五战区司令部此时除张自忠部第五十九军外，无任何兵力可调。此时，徐祖贻参谋长正在为难之际，李宗仁得知后，立即把张自忠请来，并恳切地对张自忠说："你和庞炳勋有宿怨，我甚为了解，颇不愿强人之所难。不过以前的内战，不论谁是谁非，皆为不名誉的私怨私仇。庞炳勋现在前方浴血抗战，乃属雪国耻，报国仇。我希望你以国家为重，受点委屈，捐弃个人前嫌。我今命令你即率所部，在临沂作战。你务要绝对服从庞军团长的指挥，切勿迟疑，致误戎机。"张自忠听了李宗仁的一番陈述和命令，当即回答："绝对服从命令，请长官放心！"

徐祖贻等在一旁听后十分感动。张自忠真不愧为一位猛将、一位英雄。私仇、国仇孰轻孰重，孰是孰非，张自忠分得清清楚楚。他并没有说更多的话，而是作了个保证，立了个军令快速地走了。战场需要他，战士需要他，临沂需要他！

张自忠受命后星夜赶赴临沂战场，立下了赫赫战功。对此，李宗仁曾作了这样一段精彩的评述："我即命张氏集合全军，向官兵训话鼓励一番，自忠乃率所部星夜向临沂增援，竟打了一个惊天动地的胜仗！若非张氏大义凛然，捐弃前嫌，及时赴援，则庞氏所部已成瓮中之鳖，必至全军覆没。其感激张氏，自不待言。"从此，庞、张二人竟成莫逆，为抗战过程中的一段佳话。

张自忠确是一位忠于国家和民族、说到做到的将军。3 月 12 日下午，张自忠到达临沂，与庞炳勋相见时，战况十分紧张，炮弹不断地打入阵地，庞炳勋对张自忠说："荩忱老弟来得正好，你看这里多热闹。""上午徐祖贻参谋长在电话里问我还有多少预备队？我的部队在前线伤亡殆尽。现在补充团担任九曲店附近的作战，连我的警卫都增援到第一线了，再有就是我了。不过我决心在临沂保卫战中和敌人拼战到底。”张自忠听了庞炳勋的一段话后说：“大哥你放心，我定尽力帮你打赢这一战。”此时此刻，可谓抗战为国，使他们的手再一次紧紧地握在一起，但又勾起各自的各种冤屈。庞炳勋说：“老弟呀，人家说你要在北平当汉奸，我才不相信呢。记得我们在北平和宋明轩曾通电全国：宁为战死鬼，不做亡国奴，所以我大为放心。”对此，张自忠只大笑一声说：“今天倒要他们看看我张自忠是不是汉奸？”对于一位战将，行动重于言语，重于泰山。他的行动，说明为国杀敌、抗日爱国是他的本色。

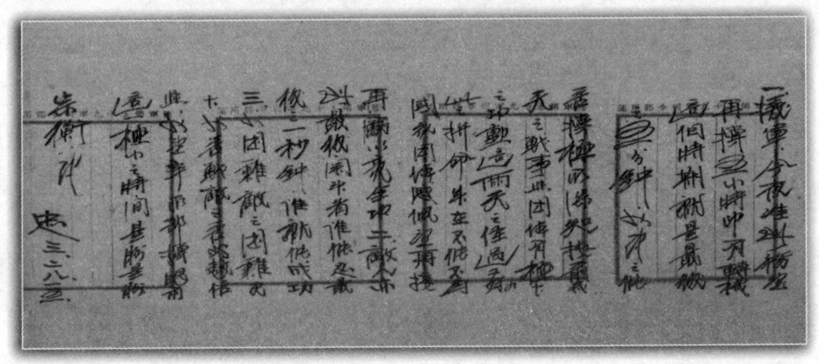

▲第五十九军军长张自忠的手令

临沂一战，津浦路北段日军，其左臂被我军砍断，日军分两路会攻台儿庄的计划，也为我军所破。板垣师团败退临沂，窜回莒县后进行了休整，并调近卫师团一部援军，共有 5000 多人，配有大量的飞机、大炮、坦克，以陆、空联合之势，再次攻击临沂。3 月25 日，日军再次逼近临沂。但由于抗日将士士气高昂，拼死作战，再加上庞、张二人团结协作，指挥若定，临沂守城一直未被日军攻下。直到 4 月 19 日，由于守城部队伤亡过重，后援部队不继，补给困难，同时，也由于台儿庄战役已打完，所以第五战区司令部命令放弃临沂城，部队撤至临沂南休整待命。

庞、张两部坚守临沂，上下将士浴血奋战，将板垣师团阻于临沂以北，粉碎了板垣师团与矶谷师团在台儿庄会师的计划，为歼灭矶谷师团于台儿庄地区创造了条件，同时也极大地鼓舞了台儿庄地区军民英勇抗战的士气。

临沂一战，庞炳勋、张自忠两人都写下了一段极其光彩的抗战历史，是功臣，是战将，抗日战场是他们立功的地方。他们为民族立了功，为国家立了功，历史将永远记住他们，人民也将永远不会忘记他们。

滕县保卫战

由于临沂大捷将日军的板垣师团阻击于临沂以北达数十天之久，要夺取津浦路，只有靠沿津浦路正面南下的矶谷师团了。

也由于韩复榘不战而退，矶谷师团沿津浦路迅速南下，经泰安、泗水、滋阳、邹县，进逼滕县。如滕县一失，日军可直指徐州了。

保卫滕县，阻日军于滕县以北，既是台儿庄战役的前奏和组成部分，又是徐州会战前沉重打击日军的重要步骤。所以，打好滕县战役十分必要，也具有重要意义。

进犯滕县之日军为矶谷廉介指挥的第 10 师团、第 106 师团、第 108 师团之一部，有大炮 70 多门、战车 50 辆，配有飞机 50 多架、装甲火车两列，4 万多人，可谓日军中的王牌师团。从侵占济南以来，几乎没有受到阻击，气焰十分嚣张。

而坚守滕县的国民党部队为第二十二集团军，总司令为孙震，下辖第四十一军、第四十五军，共有四个师，4 万多人。这个集团军为四川部队，乙种军编制，每军只有两个师，武器装备也十分陈旧。出川前这支部队分驻在成都西北地区。出川时，部队司令部曾要求蒋介石换发武器装备，为抗战出力，蒋介石复电云："前方紧急，时机迫切，可先出发，途经西安，

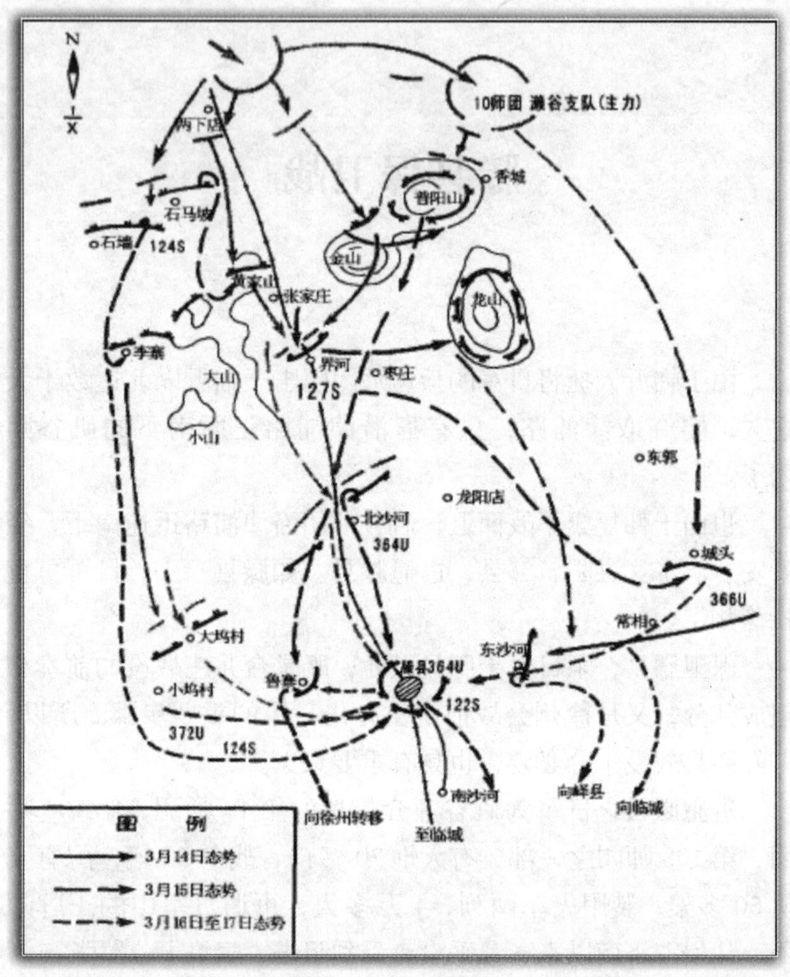

▲滕县地区战斗经过要图（1938 年 3 月 14—18 日）

准予换发。”于是该集团军于 1937 年 9 月 5 日徒步出川北上抗日。10 月上旬，先头部队刚抵西安，又被严令火速东进，过潼关，渡黄河，到太原，加入第二战区战斗序列。于是，部队在没有得到任何武器装备补充的情况下，于 10 月下旬至 12 月上旬在晋东南一带与日军作战四十多天，损失惨重，伤亡过半，全集团军名为四个师，实际只有两个师 2 万多人了。

此时，由于津浦路北段日军南下攻击，战况危急，第二十二集团军又奉命出发，调至第五战区，驻扎在商丘、砀山、单县、徐州一带。1938 年 1 月 12 日，第二十二集团军又受第五战区司令长官李宗仁之命，开赴滕县南北地区布防，阻击日军南下。

第二十二集团军于 1938 年 1 月中旬到达滕县后，实施了战前布防。第四十五军为第一线部队，由第 127 师师长陈离指挥；第四十一军为第二线部队。第四十五军以滕县为据点，以界河东西为阵地，构筑工事，阻击敌人进犯。第四十一军一部进入滕县，负城防之责，一部进驻滕县西北的深井地区，掩护第一线部队，并游击于石墙、济宁之间。

1938 年 3 月上旬，日军在占领邹县、兖州后大量增兵，并不断地派出部队，实施武力侦察。日军飞机也不断出动，进行空中侦察。于是，第二十二集团军指挥部估计，日军将大举进犯，为固守滕县，于 3 月 10 日前后重新调整部署，将在台儿庄一线的集团军总预备队也开进滕县，加强守备。

3 月 14 日凌晨，日军 1 万多人，大炮 20 多门、坦克 20 多辆、飞机 30 多架，向滕县进攻。第二十二集团军的 125 师、127 师第一线阵地将士进行全线反击。激战一日，日军只占领一些次要的阵地，界河东西的主阵地始终未能攻下。孙震总司令闻讯后，立即从临城动身到达滕县，亲临前线指挥，并在北沙河召开会议，下令：人人都要立下有敌无我，有我无敌的决心，与敌死拼到底。所以，前线将士士气大振，决心与敌战斗到底。

3 月 15 日，由于中国守军正面阵地屹然未动，日军以 3000 多人向第一线阵地右后方实施迂回包围，但未料早有 127

师设防据守，日军猛攻一日，也未得手。而日军另以 3000 多人从济宁南下，经大石桥，向深井发起攻击。124 师虽早有布防，但兵力单薄，工事简陋，战士们虽英勇作战，但伤亡惨重。后急调 124 师 372 旅增援，经过激烈战斗，深井阵地仍未丧失。

▲川军奔赴滕县阵地

日军由于采用在右侧进攻策略遭受打击而失败，只好改向滕县正面进攻，这样，抛开了第一线布防阵地。3 月 15 日下午，日军以 1 万多人的兵力直攻滕县县城，迫我正面的第一线阵地不战自弃。而滕县县城内的守军只有 122、124、127 师的三个师部和 364 旅旅部的兵力，无其他部队在城内，所以县城十分危急。对此，王铭章师长下达命令：固守滕县城池；727 团除一部固守原有阵地外，立即赶回滕县布防。到 15 日深夜，滕县城关的战斗部队共有一个团部、三个营部、十个步兵连和一个迫击炮连等共 2500 人，另有滕县的武装警察和保安团 500

多人，共计3000人。但是，这3000人的部队据守抗敌，作出了与城共存亡的决心。王铭章师长传谕全体官兵：我们决定死守滕城，我和大家一道，我存城存，我亡城亡。16日上午8时，日军发起攻击。首先由日军炮兵足足发射了两个小时炮弹，东关、城内及西关火车站共落炮弹3000余发。后又由日军炮兵集中打击东关寨墙，打开一缺口，企图从缺口冲入城内。此时，731团1连长组织六七十人的兵力，每人带四五枚手榴弹，当敌人进入寨沟时，一声令下，几百枚手榴弹投向敌人，把敌人炸死在寨沟内。日军力图以此攻城，随后又发动多次攻击，但都被守军打败。到下午5时，日军发动第六次攻击，也未能奏效，至此，日军伤亡惨重。矶谷廉介十分恼怒，于16日夜间调集第10师团、第106师团，共3万多人，集中优势兵力，向城关东、南、北三面猛攻。17日上午6时，日军在上有飞机、下有大炮的配合下，又开始了猛攻。炸弹如倾盆大雨，整个城内硝烟弥漫，墙倒房塌，成为一片火海。轰击后，日军步兵开始向东关进攻。他们仍以轰开缺口，向城内冲击的办法企图攻入城内，但屡被中国守军打败。直到下午3时，由于124师370旅全体将士死伤殆尽，南城才被日军占领。同时，日军以猛烈炮火，轰击东城，寨墙被炸得犹如锯齿，阵地工事全部被摧毁。东关守军无所凭借，只好放弃东关，退入城中心巷战。

▲王铭章将军

日军占领南城和东关后，

集中火力向城中心进攻，王铭章师长率部在临城中心十字街口指挥作战。此时，城中守军已大部分壮烈牺牲。王师长等一行十多人，在准备夺取城西火车站指挥作战时，被西城门楼之敌发现，用机枪扫射，王师长及参谋长赵渭兵、副官长罗甲辛等为国捐躯。

至此，滕县城关守军将士除北城守军300余人突围外，全部壮烈牺牲。日军虽夺下滕县县城，但夺得的是一片焦土。第四十一军守城部队自122师师长王铭章以下伤亡5000余人。在滕县以北界河、龙山一带作战的第四十五军，自第127师师长陈离以下伤亡也达5000人。这次战役，中国守军共伤亡1万多人，但击毙敌军2000多人，抗击日军四天半，即从3月14日晨开始，到18日中午止，书写了中国抗战史上的“焦土抗战”的一页。

滕县保卫战，延缓了日军南进的日期，使汤恩伯、孙连仲的部队能及时地赶到台儿庄地区，布防参战，为夺取台儿庄战役的胜利，争取了时间。

滕县保卫战之所以能打得如此壮烈，全在于第二十二集团军将士的英勇气概和为国捐躯的决心。第二十二集团军出川后，在山西的四十多天中，与日军作战，锐减为两万多人。这个严重后果，不是由于这支川军战斗不力，而是由各方面因素造成的。第二十二集团军刚到山西时，太原已告失守，日军以快速部队乘川军立足未稳，发起攻击，将川军打败、冲散，再加上川军武器陈旧，请求蒋介石立即为其更换武器也未得到批准，所以，无法与日军对阵攻击。川军在败退中为了补充自己的军械和给养，遇有晋军的军械库，便破门而入，擅自补给；对百姓强买强卖也时有发生。这些行为被第二战区司令长官阎锡山所悉，他大为震怒，认为这支川军是“抗日不足，扰民有

▲川军炸毁的日军坦克（资料图）

余”的“土匪军”，乃电请国民党中央军委统帅部将川军他调。后在军委每日会报中提出此事，蒋介石听后也很生气，说：“第二战区不肯要，把他们调到第一战区去，问程长官要不要?”中央军委打电话至郑州问第一战区司令长官程潜，程潜对川军在山西的所作所为也有耳闻，所以，在电话里一口回绝，坚决不要。国民党中央军委军令部次长林蔚将情况报告给蒋介石，蒋听后勃然大怒，说：“把他们调回去，让他们回到四川去称王称帝吧!”其实，川军的上述行为实出于无奈。人地两生，部队刚到山西，既缺少武器，又没有得到应有的补给，而天天要与日军周旋作战，十分艰难。到后来，第二十二集团军在晋东南地区与日军作战的近两个月中，部队作风已有明显改变，特别是在与八路军共同作战中，受到八路军与老百姓军民团结的影响，所到之处与当地群众开联欢会，处处尊重群众，不骚扰百姓，军民关系较好。然而，这些情况，是很难传到蒋介石耳边的。对此事，白崇禧在旁听着，便劝解说："让我打电话到徐州去，问问第五战区李长官要不要?"于是白崇禧给李宗仁打了个电话。此时，正值韩复榘不战而败，日军沿津浦路从济南南下，李宗仁又无援兵可调，一听说有川兵可调，立即对白崇禧说："好得很啊！好得很啊！我现在正需要兵，请赶快把他们调到徐州来!"白崇禧为防日后李宗仁怪罪于他，所以还作了解释："他们的作战能力当然要差一点。"可李宗仁说："诸葛亮扎草人做疑兵，他们总比草人好些吧?请你快调来!"就这样把这支几乎谁也不要的川军调到了第五战区，找到了为国立功杀敌的机会。

1937 年 12 月底，第二十二集团军奉命从晋东南出发，移师于陇海路东段的商丘、砀山、单县、徐州一带。在移师中，这支川军表现了较好的纪律和作风。12 月 11 日，部队由山西洪洞上火车出发，12 日抵达风陵渡，过黄河后至潼关换车东进，17 日到达郑州，18 日到开封，19 日到砀山，下火车后集结待命。22 日由砀山出发，25 日到达莱河，受到当地人民的热情欢迎，乡村父老设宴招待官兵，军民一家，共同抗日。时值新年到来之时，有一团长拟写春联一副：

时值三阳伊始，国家已到存亡最后关头，愿将热血横洒，染遍春光灿烂；

近来万里长征，将士都能忠勇向前效命，誓把敌人歼灭，维护世界和平。

部队于 1938 年 1 月 1 日从莱河地区驻地出发，5 日到达徐州，下午到临城下车，当即作战斗准备。1 月 12 日，部队又奉李宗仁之命令，开赴滕县南北地区填防，阻击日军南下，开始参与滕县的保卫战。

正是由于这支川军部队以 1 万多人的代价，谱写了川军抗战的光辉历史。他们虽然在人数和装备上都处于劣势，但他们是正义者，为了国家和民族的存亡，他们血战到底。尤其是当部队到达前线时，听到济宁陷落，日军屠杀中国人民达 2000 多人，并劫掠奸淫妇女甚多，惨痛已极。不少营团召开军官会议，表示：日军侵占我国领土，必须将其歼灭，还我河山；我们要下定决心，抗战到底，不胜不还，这样才不辜负四川父老乡亲对我们寄予的希望，也实现了我们保家卫国千里杀敌的愿望。正是有了这样的决心，他们才取得了滕县保卫战的重大胜利。

▲鲁南人民支援抗战

无疑，在这次滕县战役中，当地人民群众对抗战部队给予了极大的支援，才使川军得以发挥英勇作战的精神。在撤退中，沿途各村老乡都热情地把许多受伤的官兵将士收留、隐蔽起来，给伤员洗血裹伤，烧茶做饭，招待将士，待深夜后，有的用大车，有的用担架，把伤员送往临城、沛县。在被救的伤员中，滕县城防司令、第二十二集团军第四十一军122师364旅727团团长张宣武，就是其中的一个。又如122师364旅部少校副官孙福庆，在3月18日上午滕县城内巷战时，被日军所俘，后日军把他和其他被俘的官兵共20多人一齐拉到城外的沙滩上，用刺刀一个一个戳死。晚上，老乡们来收尸掩埋时，发现孙福庆尚有一丝气息，于是把他抬到村里隐藏起来，千方百计地为他治伤，如同亲人一样，终于让这个九死一生的抗日将士活了下来。两个月后，老乡们把他护送到了后方，几经辗转到了汉口，回到了自己的部队。再如127师师长陈离负重伤后，也多亏当地老乡的掩护，终于脱离险境，又回到了他的部队中。

总之，滕县保卫战是台儿庄战役前最重要的一场序幕战，它与临沂战役一样，打得十分顽强、艰苦，伤亡惨重。日军矶谷师团虽然侵占了滕县，但付出了重大的代价，遭到了侵略中国以来最沉重的一次打击，而他们的对手，却是武器装备都不如他们的第二十二集团军。这个军队在日军看来是不堪一击的，可是，就是这支军队用自己的血肉之躯在抗战，用生命在谱写英勇的历史。1万多抗战将士远离家乡与滕县共存亡，他们为了国家和民族的生存，拼死在战场上，他们的名字也永远地记在滕县保卫战的历史上。

台儿庄大战

日军矶谷师团虽然在滕县遭到中国军队的沉重打击，伤亡惨重，但毕竟侵占了滕县县城，把战局推向了徐州城下，如再夺得台儿庄，侵占徐州就指日可待了。矶谷师团为夺取徐州，不顾板垣师团的配合，孤军深入，向台儿庄进攻了。

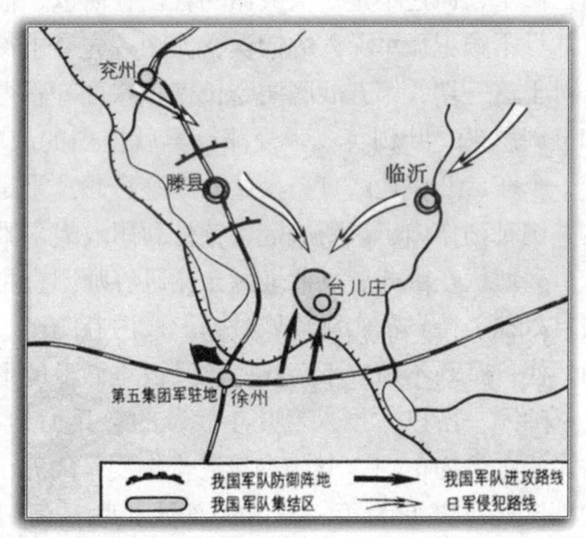

▲台儿庄战役形势示意图

台儿庄是山东、江苏两省交界之地，为水陆码头，是徐州的东大门，又处在运河岸上，有1000多家铺户，但没有什么天然的险要之处可以扼守。这在日军看来，只要重兵攻击，配以飞机、大炮轰击，台儿庄必被夷为平地，中国军队无法坚守，台儿庄很快能够夺下。所以，矶谷师团夺取滕县后，一不待蚌埠方面日军北进的呼应，二不顾临沂受阻的板垣师团不能夺下临沂与他齐头并进，实施孤军深入，并在南下时又分兵两路，一路为夺下临城，直扑徐州，一路由临枣支线南下，沿枣庄、峄县，进攻台儿庄。日军总兵力有 4 万多人，大小坦克七八十辆，山炮、野炮、重炮有 100 多门，飞机 30 多架，所以矶谷师团采取的作战办法是，先用飞机轰炸，后在大炮轰击的配合下，部队密集进攻。因此，凡有利于中国军队的桥梁、道路、房屋全被炸毁。

矶谷师团自沿津浦线南下以来，虽在滕县受到中国军队的打击，伤亡惨重，但还不是一次致命的打击，所以，他们进攻力未减，并且不顾犯孤军深入的错误，力图首先夺下徐州，抢立头功。对于这一切，第五战区司令长官李宗仁等看得清清楚楚，再加上周恩来、叶剑英、张爱萍等早就提出的战略建议，就形成了一个在台儿庄地区打一大仗的完整思想。于是李宗仁将军在这关键时刻作出了果断决定，就是利用敌人求胜心切的心理，派重兵埋伏在台儿庄以北地区，让矶谷师团直指台儿庄城下，请君入瓮。待日军实施攻城时，形成内有防御，外有包围的局面，使日军既不易攻下台儿庄，又很难撤退的形势，以此歼灭矶谷师团。所以，投入台儿庄战役的总兵力约有 25 万人，与敌人的比例为5：1。其中有第二十集团军的五个师，即汤恩伯的部队。汤部原为第一战区的部队，驻在河南补充训练。由于淞沪失利，平津撤退，全国军民士气低沉，再也不能打败仗了，为此，国民党中央军事委员会决定必须加强第五战区的防御兵力，所以，汤部在未完成补充训练任务的情况下，奉命仓促急调，星夜增援。汤部第二十集团军辖两个军，即第五十二军（军长关麟征）、第八十五军（军长王仲廉），下有五个师，即 2 师（师长郑洞国）、4 师（师长陈大庆）、25 师（师长张耀明）、89 师（师长张雪中）、110 师（师长张轸）。汤部装备齐全，配有 15 门德造重炮，为国民党中央军中的精锐部队，有较强的战斗力和较好的战斗作风。第五战区司令长官部命令汤部在滕县以南与日军作间断而微弱的抵抗后，让开正面，退入抱犊崮东南的山区待命，在台儿庄防御战的关键时刻，再命汤部潜进南下，绕敌之背后，包围而歼灭之。

除第二十集团军外，还有赶到徐州第五战区参加台儿庄战役的主力为第二集团军，即孙连仲的部队，辖两个军，即第三十军，军长田镇南；第四十二军，军长冯安邦。该部原是国民党西北军冯玉祥的部队，最善于防守。所以，第五战区司令长官李宗仁立即命令孙部进入台儿庄城区设防，但该部名义上有两个军，实际只有一个军。因孙部参加山西娘子关保卫战时，损失较大，第四十二军只剩一个空番号，孙连仲曾几次请求中央补充，均未获准。孙连仲到达徐州后，虽与李宗仁初次见面，但匆匆一晤，即能理解李宗仁的作战意图。所以，孙连仲亲临台儿庄设防指挥，是血战台儿庄的第一线最高指挥官。

另外，还有第二十一集团军的五个师、第十一集团军的三个师、第五十军的两个师、第二十七军团的两个师、第三军团的一个师、第六十军的三个师、第七十五军的两个师、第六十八军的两个师、第二十二集团军的四个师，都派往台儿庄地区，待命参战。

由此可见，李宗仁将军利用各方面的有利条件，可谓天时、地利、人和都在他这一边。几个月前，他在北上时，没有料到会有如此多的兵力能调往徐州地区。周恩来、叶剑英、张

▲中国军队在台儿庄修筑工事缠住日军

爱萍等向他提出在徐州附近打一大仗时，他之所以没有慷慨应诺，其中重要原因，就是手中的兵力太少了，只有桂军在手，怎能与板垣、矶谷师团匹敌？而现在不同了，现有 25 万兵力，占绝对优势，并且又是哀兵求战，全军上下，都想打击日军。同时，滕县保卫战已使矶谷师团伤亡惨重，临沂战役把板垣师团阻于临沂附近，无法策应矶谷师团，淮河以南的日军也无法北上，这一切使李宗仁将军增强了胜利的信心。他戎马一生，打过不少仗，但这次与过去所打的仗都不同，这次是为国家和民族，绝不是为哪个集团的私利。所以，他一下子手中有如此多的兵力，而且都服从他的指挥，不管是汤恩伯的部队，还是孙连仲的部队，李宗仁调他们到哪里，他们都能星夜兼程，及时赶到，这一切，也给李宗仁产生了这一仗是一定能打胜的感觉。所以，他把指挥部一直放在徐州，从未搬动过，表现了他对这一仗取胜的决心和信心。

上述条件，为李宗仁将军作出“请君入瓮”的战略部署提供了保证。所谓“请君入瓮”，即利用矶谷师团直扑台儿庄，打算一举攻下徐州的战略意图和急切心理，命汤恩伯部队在滕县以南的津浦线上作间断和微弱的抵抗后，佯败，使矶谷师团处于骄狂状态，急速南下，以诱其深入。然后命汤恩伯部队离开正面战场，退入抱犊崮山区，将重炮营调台儿庄运河南岸。当矶谷师团到达台儿庄地区时，命汤恩伯部队立即切断其退路，使敌陷于腹背夹击，进退两难之中。

战局正是按照李宗仁的战略部署而发展。矶谷师团侵占滕县后，立即南下，虽遭汤恩伯部队阻击，但很快沿津浦线前进。当汤恩伯部队退出正面战场转移时，矶谷师团舍汤部而不顾，尽其所有，迅速沿津浦线临枣支线南下，直扑台儿庄。

3 月22 日，矶谷师团已到达台儿庄北泥沟车站。在矶谷师团看来，这又是一个新的胜利。因为在北泥沟车站开炮，徐州已遥闻炮声了。可以说，夺下徐州，打通津浦线已在眼前，矶谷师团已感到胜利在望。

3 月23 日，矶谷师团夺取台儿庄的进攻开始了。他用飞机、大炮轰炸中国军队的防御工事，炮火极为猛烈，每天都有七八千发炮弹落下来，把防御工事打得稀烂，然后再以坦克为前导，向台儿庄步步进逼。坚守正面防御的国民党第二集团军，在孙连仲将军的指挥下，坚守阵地，誓与台儿庄共存亡。第二集团军既没有坦克，也没有平射炮，只有依靠台儿庄居民留下的房屋。这些房屋以石为料垒砌而成，十分坚固，一排房屋等于一个碉堡。他们浴血奋战，至死不退，战斗之激烈，真所谓惊天地而泣鬼神。他们在台儿庄城外坚守三昼夜，日军付出重大代价，才攻入台儿庄城区。可是，从 3 月27 日起，开始了更激烈、更残酷的巷战。不到两天，第二集团军伤亡过半，渐有不支之势。但全体抗日将士，为了国家和民族的生死存亡，抱定血战到底的决心，决不后退。

▲大批中国军队在台儿庄集结完成对矶谷师团的包围

此时，第五战区司令部李宗仁等认为，命令汤恩伯部队南下夹击日军的时机已成熟，所以决定严令汤部迅速南下，包围矶谷师团于台儿庄地区。汤恩伯接到命令后，迟迟不能挥师南下，几乎丧失合击矶谷师团之战机。

日军进入台儿庄城区后，飞机、大炮、坦克等武器也失去了威力，只好被迫进行屋战和巷战，一屋又一屋、一巷又一巷地反复争夺。由于第二集团军将士顽强抵抗，血战一周后日军仍未全部占领台儿庄。到 4 月 3 日，日军只占领三分之二，还有三分之一城区仍在第二集团军手中。第二集团军自 23 日开战以来，已达十天，伤亡惨重。31 师师长池峰城将军认为，如此守下去，必将全军覆灭，于是向孙连仲司令请示，可否转移阵地，移师至运河南岸坚守。孙司令也立即请示第五战区司令长官部。然而，李宗仁一方面告诉孙连仲司令，汤恩伯部队即将赶到，约于 4 月 4 日中午可以进至台儿庄北部；一方面严令第二集团军死守，并决定 4 月 4 日亲临台儿庄督战，第二集团军必须守到 4 月 4 日拂晓，如违命令，以军法从事。

▲日军进入台儿庄内，但每一间房子都要经过反复争夺与激战。

▲中国军队与日军在台儿庄巷战

孙连仲听后表示：“长官有此决心，第二集团军牺牲殆尽不足惜，连仲也一死以报国家。”

同时，司令部指示，不但要坚守到4日拂晓，而且在3日夜必须发动夜袭，打破敌人于4日拂晓后的攻击计划，使敌人处于疲惫状态，既不能攻击，也不能逃脱，便于在4日中午汤恩伯部队到达后实施内外夹击，以达到歼灭矶谷师团的目的。为实施这一计划，司令长官部决定对守军悬赏10万。

至此，台儿庄战役已进入最后阶段。中国军队为了国家和民族的利益，死战在这个当时不很知名的小寨内，用血肉之躯保卫了国家、保卫了民族，染红了大地，使日本矶谷师团陷入绝境之中，不是投降，就是战死，在中国官兵面前，没有任何其他的选择。

为确保坚守阵地，孙连仲将军亲自在前线督战。死守台儿庄城区最后一块阵地的31师师长池峰城又来电话请求撤退。

此时此刻，孙连仲命令说：“士兵打完了，你就自己上前填进去，你填过了，我就来填进去，有敢退过河者，杀无赦。”池师长奉命后，以必死的决心，和将士们坚守在阵地上，没有退路，只有血战到底，与阵地共存亡！

孙连仲将军接到夜袭的命令后，当即组织队伍，与日矶谷师团决一死战。此时，可以说能动用的兵力已很少了。他只好将所有的士兵，包括担架兵、炊事兵都动员起来，组织了一个“敢死队”，准备在午夜时分攻击敌人，为歼灭矶谷师团而奋战。

▲台儿庄战役期间的孙连仲（中）在指挥作战

围歼矶谷师团

4 月3 日夜，矶谷师团虽占领了台儿庄的大部分城区，但遭到中国军队的顽强抵抗，尤其大刀队使日军丧胆，不得不停止了进攻。日军计划在 4 月 4 日晨发动攻击，夺下整个台儿庄。

可是，在 4 月3 日半夜时分，一支数百人的中国先锋“敢死队”出现了。他们分组冲进日军阵地，各自为战，奋勇异常。他们手执大刀，见敌就砍、就杀，有如神助。自台儿庄战役开始以来，已达十天，中国军队伤亡惨重，然而还能组织军队乘夜出击，这是矶谷师团万万没有料想到的。因为，日军总是过低地估计中国人民的力量，过高地估计自己的侵略势力。同时，他们也不会料到这是第五战区司令部李宗仁等精心布置的围歼矶谷师团于台儿庄地区的一个重要步骤，是等待汤恩伯部队南下包围矶谷师团的重要一战。

中国先锋“敢死队”的突然杀入，使日军仓皇应战，乱作一团，只好败退城池。日军所占台儿庄城区街市，被我军一举夺回大部。“敢死队”越杀越猛，激战通宵，将日军逼退于北门一隅，赢得了夜袭矶谷师团的胜利。

▲我军猛烈扫荡溃退之敌

▲台儿庄“敢死队”特写

此时，汤恩伯军队已向台儿庄迫近，于 4 月 4 日上午到达。第五战区司令部的长官们为夺取围歼矶谷师团的胜利，乘车亲赴台儿庄外围督战。4 月 4 日上午 10 时，从台儿庄北面传来了激烈的炮声，这是汤恩伯军团开始向矶谷师团发起攻击了。

矶谷师团陷入了中国军队的腹背夹击之中，想逃也来不及了，前有台儿庄守军出击，后有汤恩伯军团重兵阻挡。4 月 4 日是台儿庄战役进入最后阶段，也是台儿庄战役最激烈的一天，矶谷师团的灭顶之灾终于到来了。他自踏上中国国土，可谓不可一世，骄狂万分，在中国杀死了无数的人民群众，罪恶累累，可万万没有料到进入台儿庄地区后，血战数日，士兵大量伤亡，遗尸遍野，机动车辆大部分被击毁，不能动弹，弹药汽油等也消耗殆尽，又无救兵，就要遭到灭顶之灾。日军被夹击后，只好狼狈撤退，溃不成军。中国军队士气高昂，尤其是汤恩伯部队向敌猛进，确有秋风扫落叶，锐不可当之势。4 月 5 日和 6 日两天，中国军队乘胜追歼，矶谷师团大部被歼，余部拼死突围，窜至峄县县城，闭门死守。

台儿庄大战从 3 月 23 日起，到 4 月 6 日止，在半个月内，击退了日军矶谷师团的 8 次凶猛进攻，中国抗日军队几乎在弹尽粮绝之时，创造了一个震惊中外的奇迹，用大刀和手榴弹打败了上有飞机下有大炮的可谓称雄亚洲的矶谷师团。战后检点战场，仅 4 月 4 日一天，掩埋敌尸即达数千具之多，敌军死伤总数达 2 万人以上，矶谷师团的主力已被歼灭。这不仅是中国抗战以来在国民党正面战场上的一次空前胜利，而且也是日本新式陆军建立以来的第一次惨败。

台儿庄战役的胜利捷报传出后，可以说举国若狂。尤其是在淞沪抗战失利，南京沦陷，悲观情绪笼罩全国的形势下，台

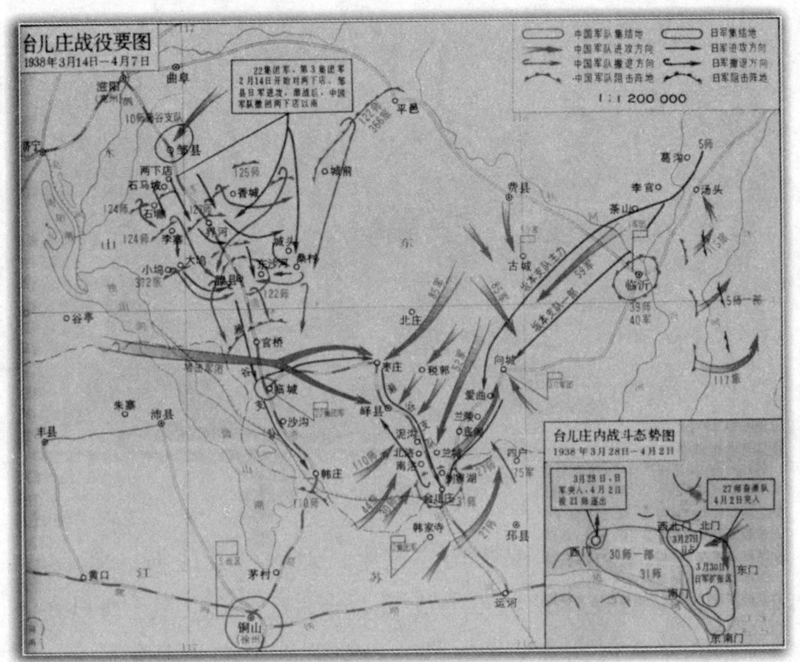

▲台儿庄战役及台儿庄内战斗形势示意图（摘自武星月主编《中国抗日战争史地图集》）

儿庄战役的胜利，使这种情绪一扫而空，抗战前途也露出新的曙光。全国各界人士以及海外华侨纷纷发来贺电，祝贺胜利。大批中外记者和慰劳团也到徐州、台儿庄参观，慰问将士。台儿庄区区之地，经此一战，国人皆知，闻名内外，成了民族复兴的象征。

但是，台儿庄战役的胜利，实在是来之不易。这里仅从第五战区司令部发出的各种命令就可知道，夺取这个胜利要有多大的信心和决心，若不是这样，断无取胜的可能。

3 月 24 日起，矶谷师团发动了向台儿庄的猛攻，每日有六七千发炮弹投到中国守军孙连仲部队的防御工事上，其激烈程

▲台儿庄战役胜利后，鲁南群众慰问我军官兵。

度空前。第二集团军很快伤亡过半，退入台儿庄城区作巷战、肉搏战、拉锯战。战至 4 月 3 日，全庄三分之二已为日军占领，中国军队仅据守南关一隅。日军调集重炮、坦克猛轰、猛冲，日军电台已宣称将台儿庄全部占领，可是中国军队死守不退。坚守台儿庄指挥官 31 师师长深知如此坚守下去，必至全军覆灭，不得不向孙连仲请示可否转移阵地。孙连仲马上请示第五战区长官部李宗仁将军："报告长官，第二集团军已伤亡十分之七，敌人火力太强，攻势过猛，但是我们把敌人也消耗得差不多了。可否请长官答应暂时撤退到运河南岸，好让第二集团军留点种子，也是长官的大恩大德！"

李宗仁听后，也深感孙连仲部队处境的困难，但他预计汤恩伯军团于 4 月 4 日中午即可到达台儿庄北部，第二集团军如于此时放弃台儿庄，就会功亏一篑，所以对孙连仲说："敌我在台儿庄已血战一周，胜负决定于最后五分钟。援军明日中午可到，我本人也将于明晨亲来台儿庄督战。你务必守至明天拂晓。这是我的命令，如违抗命令，当军法从事。”

李宗仁和孙连仲虽是部属关系，但孙连仲的第二集团军是临时调来的，李、孙之间也只在徐州一见，李宗仁认为此时不下达如此严令，便不能转败为胜。

李宗仁还接着对孙连仲下达了必须组织夜袭的命令。

正是在这严令下，第二集团军不仅守到了 4 月 4 日上午，而且在 4 月 3 日夜组织了夜袭，把矶谷师团杀得仓皇而逃，退出城外。

汤恩伯部奉命在津浦线上对矶谷师团作微弱抵抗后退入抱犊崮东南的山区，以待矶谷师团南下，实施包围计划。当矶谷师团自 3 月 27 日攻入台儿庄城区后，李宗仁就严令汤恩伯军团迅速南下，夹击敌军，三令五申之后，汤军团仍在姑婆山区停滞不前。汤军团所以不迅速南下，是他的自私狭隘心态所致，他想让矶谷师团与孙连仲部血战，待矶谷师团伤亡严重后再南下打击，以取胜利，也减少汤部伤亡。对此，李宗仁十分愤慨，他严令汤恩伯：如再不听军令，贻误战机，当照韩复榘严办。此时，汤军团才挥师南下，台儿庄的守军几乎已伤亡殆尽，险些断送了即将取得的胜利。

▲中国军队收复台儿庄失地

在总结台儿庄战役取得胜利的原因时，李宗仁说道：

我军在台儿庄的胜利，在敌人以及国内外的观察家看来，简直是不可思议之事。日军以其精锐部队，乘南北两战场扫荡我军主力百余万的余威，以猛虎扑羊之势，向徐州夹攻，孰知竟一挫于明光，再挫于临沂，三阻于滕县，最后至台儿庄决战，竟一败涂地。而中国军队仅以十余万疲惫之师就取得了如此重大的胜利，岂非怪事?!

李宗仁认为，致胜之道，并非侥幸，主要有：

一、运用第三十一军阻日军于明光地区。

南京沦陷后，利用有利地形，国民党守军据守明光地区达四十多天，使鲁南战场有调动兵力，从容部署的机会。当敌我双方在明光地区激战到相当程度时，李宗仁命令第三十一军西撤，让开津浦路正面，使日军误认为第三十一军已溃败。于是日军将主力北进，一举攻占我明光、定远、蚌埠，进而渡过淮河，直捣徐州。正当日军北进至淮河边时，一方面由从青岛南调的于学忠部第五十一军予以迎头痛击，同时第三十一军及第七军从敌后出击，一举将津浦路截成数段，使敌首尾不能相顾，迫使敌人不得不又将主力南撤。这样，既可阻敌于淮河以南，又可减少淮河以北压力，还可使南下支援于学忠部的张自忠部再转头北上，向临沂增援，使板垣师团无法与矶谷师团会合。

二、命庞炳勋部坚守临沂，命张自忠部支援临沂，将板垣师团击溃于临沂地区。

李宗仁认为，当板垣、矶谷师团齐头南下时，由于庞炳勋部适时赶到，坚守临沂，使其与张自忠部协力将板垣师团击溃，阻其南下与矶谷师团在台儿庄会师。所以，临沂之捷，实为台儿庄战役胜利创造了先决条件。庞、张之间虽有恩怨，但他们都做到了国难为先。台儿庄战役后，蒋介石曾十分惊讶地对李宗仁说："你居然能指挥杂牌军部队!"其实，在李宗仁看来，做主帅的人只要大公无私，量才使用，则天下实无不可用之兵。

▲台儿庄大捷缴获的日军机枪、坦克

三、第五战区司令部始终在徐州，军心稳定，士气高涨，个个抱有血战到底的决心。

李宗仁认为此点是最重要的。他违背了统帅部的旨意，拒绝将长官部迁离徐州。参加台儿庄、滕县、临沂战役的部队，都是从其他战场上奉命调来的国民党“杂牌军”和部分中央军，不是桂系部队，要指挥他们，司令部的行为极为重要。如司令部不在前线，很难做到协调作战，拼死到底。

对于司令部设在徐州的问题，早在 1937 年底，当韩复榘不战而退，津浦路正面无兵可守，徐州危急之时，国民党中央统帅部深恐第五战区长官部临时撤退不及，为敌所俘。在 2 月初，蒋介石曾在每日会报中提出此问题，交军令部研究。后即指定河南省的归德（今商丘）和安徽省的亳县两地，让李宗仁挑选决定。可是，李宗仁认为，敌人南北两战场的重心虽正集中对付第五战区，可是敌我的态势已为我军形成了内线作战的有利条件。为争取空间和时间，徐州的保卫战必须不惜任何牺牲，以粉碎敌人速战速决的野心，然后才能有充分的时间在武汉完成部署保卫战的重大任务。同时，李宗仁又认为，徐州铁路四通八达，电话、电报通畅，信息快，一旦长官部迁往归德或亳县，一切命令与情报全须凭借无线电通讯，而无线电每日拍发的电报有一定时间，如此司令长官等于耳目失聪，如何能指挥作战？更谈不到赴前方督战，鼓舞军心了。而且司令长官部的迁移，必然影响民心和士气，重心一失，全盘松动，将不可收拾。

但是，李宗仁也不便公开反对。他认为，中央军令部既有此建议，徐州各中央机关也会有人有思迁之心，即使在长官部也有一些人员提出过同样主张，所以他觉得唯有采取拖延的方法，即令成立“设营小组”，前往归德和亳县查看，确定长官部及各机关的驻地等，再详细汇报。如此，往返将费时半月，到时，台儿庄战役已万分紧张，长官部自然不能马上迁移了。

战役的发展正是如此。所以，李宗仁在几十年后还认为，指挥部和他本人一直在徐州地区，是台儿庄战役全胜的最大关键。他说，当时如遵从中央命令将长官部迁出徐州，则此后的战局便面目全非了。

四、日军的骄狂出现了在战略战役上的种种错误。

日军在中国的南北两战场，一是淞沪战场，二是华北战场，将中国百余万抗战主力扫荡之后，骄狂无比，根本没把第五战区内的区区十余万残兵败将放在眼里。南北两路的日军主将都把攻打徐州看成是旅次行军。到了南北两路同时受挫，日军仍不觉悟，还以为只要他们认真作战，仍可一举攻下徐州，为“骄兵必败”埋下了伏笔。而南北诸将，又彼此贪功，不待各路配合便贸然前进，以“先入关者为王”的心情向徐州单独进攻，在战略上犯下了致命错误，被我军抓住，陷入绝境，被各个击破，加速了他们的灭亡。

▲台儿庄地区骄横的日军骑兵

在上述原因下，李宗仁还深刻地认识到哀兵必胜、正义之师必胜的道理。我军人数虽少，装备虽差，但是，我们是保家卫国，是与日本侵略者作殊死战斗的哀兵，是正义之师，我军的士气高涨，我国军民抗战的决心坚强，只要把日本侵略者赶出中国，他们不惜流血牺牲。有了这样的军队，有了这样的民众，再加上指挥正确，上下一心，击其所短，知己知彼，发挥内线作战的最高效能，才有台儿庄的辉煌战果。

致胜之道，在于人心、军心、爱国之心，有了保卫国家和民族抗战的决心，即使手中拿的是大刀、手榴弹，也能打败日本侵略者。这个道理在台儿庄巷战中得到了最充分的证明。

台儿庄的拉锯战、巷战

台儿庄战役是七七抗战以来国民党战场上打得最激烈、最艰苦的一仗，尤其是日军自 3 月 26 日攻入台儿庄寨区后，形成了长时间的拉锯战和巷战。直到 4 月 4 日上午把日军打出台儿庄寨区，共计十天时间，在这十天中，国民党守城部队共有三个师、一个旅和两个新兵补充团先后都填了进去，其壮烈程度十分惊人。

3 月 24 日，日军向台儿庄猛扑的有三个联队，约五六千人，配有大量飞机、坦克、重炮及其他机械化兵种，占领了台儿庄以东之黄林庄、官庄和以西的范口庄。3 月 26 日，日军攻入台儿庄城寨的东北角，此时，日本同盟社大肆造谣，发布新闻，谎称："华方最精锐的部队之国民党军已被击溃，并将台儿庄完全占领。"其实，守台儿庄的部队只有孙连仲的几个师，也并非蒋介石的精锐部队。但是，孙部是一支以善于坚守阵地著称的部队，且在为国家和民族生死存亡而战时，他们同仇敌忾，以大无畏的牺牲精神在战场上发挥着重大的作用，成为一支精锐之师。

当日军侵入台儿庄城寨东北角后，中国的守城部队只能扼守西南城角与日作战，特别是利用夜晚的条件袭击日军，每次都能获胜。于是出现了城寨内一昼夜之间，双方几进几出的情形。在拉锯战中，国民党守军的大刀队使日军闻其而丧胆，有的士兵在一天中手执大刀能杀敌九人，也有杀敌五人的，平均每人也有一个半之多。

3 月27 日拂晓后，日军炮兵又向台儿庄城寨开炮了，其火力十分凶猛。在炮火掩护下，日步兵又向台儿庄北门发起攻击，国民党守军伤亡惨重。日军鉴于前两天攻城失败的教训，这次攻击重点直指设在城内一大庙里的国民党守军据点，很快，日军占领了这座大庙。此时，有一连长大呼："弟兄们，跟我来！"他身先士卒，冲入大庙，与日军展开了残酷的肉搏战，苦战到中午，终因寡不敌众，冲入大庙的战士全部壮烈牺牲。入夜，日军又向城内发起攻击，战况空前激烈。敌人不断猛攻，城内一片混乱。此时，池峰城师长虽一口一口地吐血，但仍坚持在前线指挥，与士兵们一起坚守着阵地。

肉搏战是敌对双方意志与生死的较量。在战斗中，往往都有求胜立功和求生逃命两种对立思想的斗争。如果求胜立功的思想占优势，就会不顾生命的危险，奋力杀敌；一旦对胜利失去信心，求生逃命的心理占了上风，那就会陷入败局。可是，参与台儿庄血战的将士们，他们不是为个人，而是为国家和民族而战，他们把生死早已置之度外。31 师守城将士，无不精神振奋，表现了与日军血战到底的英雄气概和坚定不移的必胜信心。

3 月28 日晨，日军又向中国守军发起攻击，由东向西全力攻击。日军用的是掷弹筒，步兵小炮，而 31 师的将士们主要依靠手榴弹。在敌人掷弹筒发射时，他们利用掩蔽物保护自己，等炸弹爆炸后，立即跳出掩蔽物，投掷手榴弹，消灭敌人。待日军到达肉搏战距离时，将士们一个个杀入敌阵，展开生死之战。连长、营长也身先士卒，与敌展开搏斗。所以，日军要占领一座房屋，必定付出巨大代价。尽管如此，日军的炮

▲台儿庄城头的中国守军

火仍十分猛烈，激战一日，守军阵地又在缩小。入夜，日军更是轮番冲锋，战斗异常艰苦。

▲中国守军在掩体内战斗

3 月29 日，日军增加兵力大举进攻。打到夜晚，日军占领了台儿庄西北城角，于是，31 师将士们将他们包围起来整整围困了两日，使日军弹尽粮绝，死亡枕藉。31 日夜，日军冒死突围，守军收复了西北城角。

从此，攻入台儿庄城内的日军已作困兽之斗，而国民党守军将士士气旺盛。战斗间歇，有的官兵在运河北岸还唱起了《大刀进行曲》和其他战斗歌曲：

“大刀！向鬼子们的头上砍去……”

“前面有英雄的义勇军，后面有全国的老百姓……”

“中国的领土，一寸也不能失守，亡国的条件，绝不能接受!”

台儿庄城区内的拉锯战、巷战一天又一天地在继续着……4 月3 日，蒋介石对第五战区的参战部队下达了这样的命令：限令 4 月10 日前击退台儿庄当面之敌，首先击退敌人之部队者，赏洋 10 万元，出力将士从优叙奖，如限期内不能击退该敌，师长以上各级指挥官一律以军法从事。

李宗仁将军接到蒋介石命令后又重申此令：“委座严令谅已奉悉，本长官亦对首先立功部队加赏 10 万元，望各努力，勿予法纪。”

战局已到最后时刻，为激励将士采取了嘉令重赏之法，这对拼死到底的抗日将士是一个激励和安慰。

此时，第一战区司令长官程潜也向第五战区将士发来电令：“会战参加部队，多属本战区序列部队，望各服从李长官如服从本长官一样，凛于国军一体，休戚相关之精神，望鼓励所属奋发图强，为国立功，本长官也刻日前往徐州，协助德公指挥，委座及李长官悬赏首先击退该敌之部队，奖洋 10 万元，本长官亦加赏 10 万元。”

这里值得一写的还有第二集团军第四十二军27师158团3营7、8两连参战的情况。这两个连原守在台儿庄外东南地区的黄林庄，3月27日日军攻入台儿庄北门后，急调这两个连进入台儿庄城区支援31师。当他们经南门进入台儿庄，投入反击战时，很快遭到日军机枪火力的伏击，不到半个时辰，8连官兵牺牲殆尽，副营长时尚彬对7连连长王范堂说："王连长，完了！完了！8连全完了！"此时，8连全体将士都牺牲在台儿庄的巷子内。而七连被命令为机动部队，随时准备出击。28日晨，日军由台儿庄城西北角侵入，向西南角地区猛攻，于是7连投入了战斗。在几天激战中，打退了日军一次又一次的进攻，守住了阵地，而7连的官兵从进庄时的130多人，只剩下57人了。激战至29日黄昏，7连的57名战士组成敢死队，在炮火和轻重机枪的掩护下，为了国家的存亡、民族的尊严，以大无畏的精神在血肉横飞的搏斗中前赴后继，视死如归。经过一个多小时的战斗，敌人一部被歼，一部向北逃窜，7连取得了胜利。然而，7连的57名战士只有13人生还，44人拼死在战场上，7连连长王范堂是13人中唯一幸存的干部。

在台儿庄城内进行拉锯战、巷战的时候，如果没有台儿庄外围的出击战、阻击战，台儿庄城区的守城部队就更难坚持了，也就是说不可能从3月27日一直坚持到4月4日上午。特别是国民党110师参加台儿庄会战，立下了在台儿庄外围出击日军的战功。110师师长张轸，字翼三，全师官兵在左臂上都戴着蓝底白色"翼"字的臂章，所以这支抗战部队被称为"翼"字军。这支队伍于1938年1月在河南焦作合编而成，属汤恩伯部队，其中有原国民党独立46旅、东北军骑兵旅和豫北师管区三支队伍。1938年3月15日，"翼"字军奉汤恩伯命令到达了台儿庄前线，参加台儿庄会战。全师在与日军的战斗中，在外围不断出击，十分骁勇，在不断地打击、追歼敌人，破坏敌人通讯联络、捣毁敌人后方，掩护抗日部队转移等方面，发挥了重要作用，荣立了战功。

▲台儿庄外围我军炮兵阵地

1938 年 3 月 24 日，日军主力向台儿庄进攻。其日军后方峄县城内空虚，只有少数军车在运送弹药。为了策应台儿庄作战，张轸师长命令出击，截断日军后方交通线。是日夜，一部分战士渡过运河到达了白山西庄，这是日军从峄县向台儿庄运送弹药的必经之地，“翼”字军埋伏在这个仅有百余户人家的村子里。3 月 25 日，日军辎重车马 50 多辆由峄县出发，向台儿庄开进。此时，“翼”字军猛攻下去，打得日军弃车而逃。但日军不愿就此罢休，不一会儿，有 200 多人杀回来，于是敌我双方展开了一场激烈的战斗。“翼”字军官兵骁勇善战，并占领了有利地形，把敌人杀得血肉横飞，并烧毁了日军的弹药车，取得了胜利。这样，配合了台儿庄守城部队的战斗，也分散了日军的兵力，延缓了日军对台儿庄的进攻。同时，“翼”字军的名声大震，日军也不再小看“翼”字军了，说“翼”字军像只乌鸦，飞到哪里，哪里的“皇军”就倒霉。

3 月27 日至4 月4 日，台儿庄城区正在进行拉锯战、巷战，“翼”字军的战士们日夜守卫在运河南岸的防线上。他们距台儿庄只有十几公里，不断地听到密集的枪炮声，夜间不时地看到台儿庄城里的火光，侦察人员不断地回来报告敌我双方战斗的情报。有一天，从临城和枣庄回来的侦察员说，日军已攻占了台儿庄大部分地方，敌我连日进行巷战，伤亡惨重，日军已把非战斗人员都补充了上去，后方又没有增援的部队。如果我们出兵峄县，捣其后方，日军必定从台儿庄撤退。师长张轸根据这一情况立即派328 旅到运河以北相机攻击峄县和枣庄附近之敌。

4 月1 日，328 旅攻占了峄县西南十多个山区村庄。经侦察，发现峄县城内十分空虚，只有百十辆运送弹药和尸体的马车。于是，在4 月2 日夜间组织突击队，袭击了日军设在峄县北门外的一个汽油站和弹药库，爆炸持续了两个多小时，中断了日军由枣庄、峄县向台儿庄输送的弹药，使台儿庄的日军在整整一天内没有补充上炮弹，几乎停止了对台儿庄的炮击，支援了台儿庄守城部队。

4 月6 日，张轸师长传达了第五战区司令部下达的要旨：进犯台儿庄之日军，经我们英勇抗击，伤亡惨重，腹背受击，后无援军，弹药不济，因此，有向枣庄、峄县地区撤退的动向。所以从6 日起我军全线向日军反击。故命令“翼”字军渡过运河，由西向敌背后进攻，截断日军后方联络线，乘胜追击。

4 月6 日夜间，“翼”字军的一个团发起了向日军退却地泥沟的猛攻，打得日军十分狼狈。但第二天，日军向“翼”字军发起反攻，炮火十分密集。在激战中，“翼”字军有一个连被日军冲散了，其中一个班失去了与大队的联系，全班战士在班长张明山的带领下，冲进了公路边的一个小寨子，寨内有座三层的碉堡，全班钻了进去。但日军发现了他们，先用炮击，后派100多名步兵围攻，日军打了一天也没有攻下来。到第二天上午，这个班由于弹尽粮绝，全部壮烈牺牲。日军见了十分震惊，在那里立了一个牌子，上面写着：“中国的英雄班”。

4月7日，第五战区司令长官李宗仁下达了向日军追击的命令，日军被迫从台儿庄城内纷纷撤退到了峄县、枣庄地区。

在台儿庄战役中长达十天之久的拉锯战、巷战，是抗战史上壮烈辉煌的一页。台儿庄城区内所有房屋都成为抗日将士杀敌的堡垒，所有的地方都洒下了英雄们的鲜血。战役结束后，第五战区的司令长官以及中外记者都来到了战场，观看那硝烟尚未散尽的战场。残垣断壁，弹痕累累，血迹和尸体都呈现在眼前。李宗仁将军为英勇捐躯的将士们而难过，也为台儿庄战役胜利而高兴。他身穿戎装，来到台儿庄车站，站在书写着“台儿庄”三个大字的站牌下，拍下了值得永远纪念的一张照片。

当年担任峄县代理县长的李同伟在台儿庄战役结束后最早来到战场上，他写下了如下的见闻：

我为亲自了解台儿庄战后情况及安抚战火余生的同胞，率队沿台潍公路到台儿庄。只见沿途村庄屋室一空，愈接近台儿庄，景象愈惨，各村房屋几乎全被摧毁，有的余烬尚未熄灭，尸体遍地可见。山野炮、迫击炮、轻重机枪及炮弹箱、弹药箱、手榴弹箱等到处皆是。这时正是麦黄时期，顺着麦垄望

▲1938 年 4 月 7 日，台儿庄大捷后李宗仁在台儿庄火车站留影。

去，只要有一个尸体，就有一支步枪一挂子弹，有的麦田被机枪扫射后只剩半尺来高的麦秆。台儿庄车站房屋皆毁，断壁上弹痕累累。进入台儿庄北门，一片瓦砾，这是敌我反复争夺，巷战激烈的地点。街道上手榴弹碎片有三四寸厚。由于敌我两军逐屋相争，每座墙上都有两军对峙的射击孔。有个射击孔伸出一支步枪，用手往外拽枪时，竟然呼的一声射出一粒子弹，原来死者的食指仍扣着扳机。几乎每间屋里都有阵亡士兵，可见战况之激烈。我们在战地捡了很多枪支弹药，装了几十辆马车，回山区去了。

台儿庄大战从 1938 年 3 月 14 日滕县保卫战开始，到 4 月 6 日日军败退为止，炮火连天二十余日。日军挟其初战取胜的余威，骄横异常，认为打通津浦铁路线，控制半个中国的南北交通易如反掌，没想到在台儿庄却被中国军队打了个人仰马翻，惨败退却。

然而，日军是不肯罢休的。

很快，一场更大规模的战役又开始了……

第六十军征战禹王山

台儿庄战役后，日军退入峄县、临沂地区，迅速整理补充兵力，于4月17日大举南下反扑。此时，日军的兵力，一为矶谷师团残部，整顿后再次南下；二为板垣师团，绕过临沂城区，向西南进犯；三为日军增援而来的第5师团、第10师团、第114师团；四为伪军刘桂堂部。日军深知徐州不可轻取，打通津浦铁路线十分不易，不调集重兵，四面合围，断难取胜。于是日军从平、津、晋、绥、苏、皖一带增调达十三个师团，共30多万人，分六路向徐州进行大包围，并企图歼灭国民党第五战区司令部及其所属部队。

对此，国民党中央统帅部立即调集各个战场上的作战部队，赴台儿庄、徐州地区参战，以阻击日军南下。

首先到达徐州地区的部队有周品石的第七十五军和李仙洲的第九十二军，李宗仁随即命令他们从台儿庄往东延伸防御。司令部估计板垣师团会舍弃临沂战场向西南推进，与矶谷师团残部会合，再次攻击台儿庄。周、李两军向东延伸，正拊其背。

其次到达的有樊崧甫的第四十六军和卢汉的第六十军，李宗仁命令他们在运河两岸防御。不久，李延年的第二军和晋军商震部的1师也到达徐州，加入了东线防御，随后又有谭道源

▲六十军征战前举行誓师大会

的第二十二军加入徐州西北微山湖一带防线，石友三的第六十九军抵达鲁西。冯治安的第七十七军、刘汝明的第六十八军到达徐州后，李宗仁又命令他们继续南下，增强淮河北岸的防御力量。

台儿庄战役后，抗击日军进攻徐州的头一仗是第六十军的禹王山战役。

第六十军是云南征募的农民子弟兵，在军长卢汉的指挥下，经过四五年的训练，成为军容整齐、武装精良、军纪较好的一支抗日部队。下辖 182、183、184 三个师，总兵力达 4.5 万人。

1937 年七七卢沟桥抗战以来，在全国军民一致抗日的呼声影响下，第六十军全体将士抗日情绪也日益高涨。1937 年 10 月初，第六十军宣告正式成立，并召开抗日誓师大会，受到云南各界人士支持。10 月 10 日，部队奉命出征抗日，由云南经贵州入湖南，步行四十多天，到达湖南常德集中待命。后转战江西、浙江，1938 年元旦到达武昌待命。第六十军有一首冼星海作的《六〇军军歌》，歌词为：

我们来自云南起义伟大的地方，
走过崇山峻岭，
开到抗日战场。
弟兄们用血肉争取民族的解放，
发扬我们护国、靖国的荣光。
不能让敌人横行在我们的国土上，
不能任敌机在我们领空翱翔。
云南是六十军的故乡，
六十军是保卫中华的武装！
云南是六十军的故乡，
六十军是保卫中华的武装！

1938 年 4 月 19 日，数万云南抗日将士奉命离开武昌，唱着战歌，登上火车，向徐州进发。

到徐州后，卢汉军长会见了第五战区司令长官李宗仁将军等人。为了抗日，他们远离家乡，又走到一起，肩负起国家与民族生死存亡的重大使命，这是历史的安排。李宗仁等立即命第六十军在运河两岸设防，加强保卫徐州前沿的防御兵力。

这支来自农民子弟的抗日部队开赴徐州地区，首战在山东的一个不知名的禹王山上，数万抗日将士顽强抗击日军对禹王山的攻击，立下了赫赫战功。为此，数千官兵为国捐躯，长眠于禹王山下。第六十军从 4 月 21 日晚到达徐州东的车辐山车站起至 5 月 18 日撤出阵地过运河整编止，经过二十五天的激烈战斗，使日军遭受了惨重伤亡，打破了日军集中兵力，南渡运河，占领临台支线，直夺徐州的计划。

▲在禹王山作战的滇军将士们（昭通市博物馆藏）

禹王山是台儿庄东南运河北岸海拔较高、面积较大的一个山头，与台儿庄相呼应，地理位置十分重要，是日军攻占徐州的必争之地。所以，李宗仁命第六十军前往阻击日军。

4 月21 日晚，第六十军到达车辐山车站时，敌人的侦察机不时地在上空出现，炮声也清晰可闻。卢汉军长奉第五战区长官部命令，率第六十军于 4 月 24 日前到达台儿庄东北地区凤凰集、蒲汪、耿庄、邢家楼、五圣堂等处，待命行动。22 日，军部命令各师向前推进。183 师某团推进到耿庄时，突然与敌遭遇，发生战斗。随后 182 师、183 师也先后到达蒲汪、禹王山等地，开始了与日军的血战。

在 4 月22 日至24 日的激战中，日军派出主力，在上有飞机、下有大炮的配合下，企图摧毁第六十军。第六十军突然碰上陆、空联合的现代化的日军攻击，损失巨大。但是，第六十军的将士们都有与阵地共存亡的决心，不怕牺牲，顽强战斗，使日军每夺下一个村庄，都要付出重大代价。

25 日，182 师、183 师继续与日军战斗，但官兵伤亡过半。26 日，又奉第五战区长官部命令，第六十军全线出击。于是，182 师向蒲汪、后堡，183 师向李庄、五圣堂，184 师向淘沟桥的日军发起了全面的攻击。同时，汤恩伯兵团也向西出击，三面围攻日军。

26 日傍晚，日军约一个大队的兵力向第六十军的 183 师驻地火石埠发起攻击。此时，183 师主力进入麦田内埋伏，待炮火轰击后日军步兵前进到埋伏地前五六十米时，突然开火，猛烈射击，日军伤亡惨重。就在此时，一阵冲锋号声响彻云霄，183 师的士兵向猛虎一般冲向日军，将残敌全部歼灭。

于是日军主力又转向了对禹王山的攻击。

4 月28 日夜晚，日军约有一个大队的兵力在炮火的支援下向禹王山冲击。29 日，日军再次冲击，占领山下不少据点。坚守禹王山的第六十军各部基本上都采取了这样的打法：当敌人开炮射击时，部队进入掩体内隐蔽，使日军炮火打不到人，只打阵地；当日军炮火过后步兵冲击时，才跃入阵地，用机枪、步枪、手榴弹将日军歼灭于阵前。这种打法，在山地、半山地以及防御工事较好的平地作战中是十分有效的，所以，29 日激战一天，日军伤亡惨重，也无法夺下禹王山。

4 月30 日清晨，日军又向禹王山发起全面攻击。由于日军采取了以强大兵力突破一点的打法，很快突破了第六十军的第一道防线，并占领了禹王山顶。但是，第六十军将士抱着与阵地共存亡的决心，奋起反击，将突入阵地的日军大部歼灭，一部击退，只剩下攻占山顶的日军。于是 183 师 542 旅 1083 团 3

营3连连长李佐带领战士组成敢死队，准备趁夜夺下山顶，歼灭日军。李连长首先带领一个排往山上冲击，快到山顶时，只听见一声爆炸，战士有的应声而倒，有的负了重伤，冲上去的两个班也都全部牺牲在山顶上。接着又命一个排上去，也遭到重大伤亡，但突入山顶的战士在山上坚守了下来。根据这一情况，指挥部决定不再派部队发动连续攻击，而是把日军围困在山顶上。

几天过去了，日军在山顶上既没有吃的，也无法补给弹药，再也坚持不下去了。5月3日夜，日军以一个中队的兵力，企图偷袭下山，被3连发觉，即以机枪、步枪、手榴弹一阵猛打，把偷袭的日军全部打死在山腰上。

5月4日晨，日军又发动攻击了，而且向突上山的3营的指挥所进攻。此时，团长杨洪元正在3营指挥所，马上向旅长作了报告，要求用迫击炮打击日军。旅长得到报告后命令迫击炮连向日军射击。迫击炮连在罗谦连长的指挥下，组织全连迫击炮向日军阵地开火，把日军炸得抛起了有三四米高，阵地上响起了欢呼声。迫击炮打过后，战士们跃出阵地，冲入日军阵地，把剩下的日军全部歼灭，重新夺回了禹王山山顶。

禹王山始终在抗日将士们的手中。日军要再次抢夺临台支线，必须夺下禹王山。所以，到5月7日日军又发起了进攻。日军的炮火十分凶猛，把山顶上的掩蔽体全部摧毁，守山战士也遭到大量伤亡。增援的战士来不及修复工事，只好用烈士们的身躯作依托，用猛烈的火力打退了日军多次冲击。在战斗间隙中，战士们想尽一切办法，修复工事，同时将烈士的尸体掩埋起来。在阵地后方有一块麦地，埋满了阵亡烈士的尸体，后来新阵亡的官兵已无处可埋了。战斗是如此的残酷，但抗日官兵都怀着舍身报国的决心，视死如归，把这场反侵略的战争打到底。

▲日军进攻禹王山

经过七天的激烈战斗，守卫在禹王山顶上的3连战士大部分壮烈牺牲，到5月18日夜，当第六十军主力撤到运河南整编时，3连才奉命下山撤出阵地。当战士们离开坚守了十八个昼夜的阵地时，他们打扫了战场，把能用的武器和工具全部带走，带足了武器弹药，收拾好行装，在向阵地告别，向埋葬在山下麦田地的战友告别后，迅捷地向徐州转移。

在济宁、微山湖畔阻击日军南下

在枪毙韩复榘后，蒋介石任命原第十二军军长孙桐萱为第三集团军总司令，第五十五军军长曹福林为集团军副总司令。1938 年 2 月，第三集团军奉命收复济宁城，从右翼威胁攻打台儿庄的日军，威胁日军的敌后交通线，阻止日军南下，以配合台儿庄战役的顺利进展。

为此，孙、曹命第十二军从济宁北门进攻，夺下全城；第五十五军进攻济宁城南关，歼灭南关日军，协同收复全城。

第十二军奉命后，为避免被日军发现，昼伏夜行，从定陶出发，经巨野、嘉祥，到达济宁运河西岸。部队驻扎后，对济宁城的日军作了细致的侦察，查清日军有 1400 人左右，在城内有 500 人上下，其余大部都在南关，西北关没有驻军，只有北门口有几个日军站岗放哨。在一般情况下，进城的农民群众对守门的日军只要行个礼，即可出入。所以，从北门攻城是最好的机会和地点了。

然而，离济宁城不远的汶上县驻有日军一个营的兵力，如打响济宁，汶上县的日军定会倾巢出动进行支援。因此，必须派兵阻挡，否则不但攻不下济宁城，反而会受到内外夹击。

第十二军 22 师 64 旅曾在 1932 年驻扎在济宁城内，人地两熟，只要战斗一打响，城内人民群众是一定会支援抗战部队收复济宁的。所以，战士们充满了胜利的信心。

3 月21 日拂晓，第十二军以一个团的兵力，进驻在二十里铺，以阻击汶上之敌支援；以两个团兵力进驻北关两侧的各个村庄内，待天亮后从北门混入城内，然后歼灭北门的日军，让大部队进入城内作战。

但是，情况发生了变化，日军可能得到了消息，把城门关闭，不让任何人出入。

第十二军根据情况迅速改变了作战计划，定于 21 日晚上爬城攻入城内。晚 10 时，两个团以北门为界在两侧同时开始爬城。当一部分官兵爬上城墙时被日军哨兵发现，双方交火，攻城部队有一定的伤亡。幸亏准备的梯子较多，官兵士气高涨，不断地夺上城墙跃入城内，经过一夜战斗，有九个连的兵力冲入城内，与日军展开了激烈的巷战。

但是，日军不断地增加兵力，用机枪控制城楼，使其他攻城部队无法进城。22 日下午，汶上县的日军奉命倾巢出动，向二十里铺进攻。在此情况下，攻城官兵处境十分困难，在城内的九个连力量单薄，无力阻止日军攻击；在城外的两个团腹背受敌，很有可能遭受日军打击，造成重大伤亡。

此时，急需要第五十五军出击济宁南关日军。然而，曹福林未能及时进攻南关，南关之敌立即增援城内之敌，使攻入城区的九个连处于孤军奋战的境地。战斗进行了整整一天后，枪声也逐渐地减弱和减少，到天黑，九个连的战士几乎全部牺牲。

在看到攻城无望的情况下，指挥部只得作出在济宁城外的几个团立即转移的决策。夜 11 时，攻城部队接到总司令孙桐萱的电示，望攻城部队克服一切困难，想尽一切办法，务于明日拂晓前到达运河边，并由 66 旅接应。于是，部队接电后连夜转移了。

第二天，不仅汶上县日军支援济宁，而且兖州之敌的炮兵部队也增援到济宁，向运河以西中国部队撤退的方向发射炮弹，66 旅旅长薛明亮不幸中弹受伤。

▲日军放火向中国军队攻击

攻打济宁之战，伤亡了近九个连的战士，却没能拿下济宁，虽然打击了日军，但仍未阻止日军沿津浦线南下，其教训是惨痛的。这个后果，是由于国民党第三集团军不能协同作战所致，使本可以取得的胜利，遭到了失败。

1938 年 3 月中旬，第二十二集团军自经历了邹县、滕县抗击日军的保卫战后，收容余部，重新整编，据守微山湖畔，抗击日军，以策应台儿庄会战的顺利进行。

微山湖畔的战斗，从 3 月 19 日至 5 月 19 日的整整两个月中，虽然双方投入兵力都不太多，战斗规模也不大，但这场战斗拖住了日军，使日军难以顺利南下，为保证台儿庄战役的胜利创造了条件。

1938 年 3 月，日军矶谷师团夺下邹县、滕县后，沿津浦线南下并转入台枣支线，追击汤恩伯兵团。但汤部到达枣庄附近后突然散入山区，使矶谷师团无法抓住自己。日军为切断陇海线东段，企图侵占连云港海口，于是令其一部约 800 人由临城南下，直抵微山湖的韩庄附近，以策应矶谷师团主力攻打台儿庄。对这股日军如不打击，既影响台儿庄战役的顺利展开，又威胁到徐州要地。微山湖区是江苏与山东交界地区，紧靠津浦线，在运河边上。投入微山湖畔抗击日军的为第四十一军和第四十五军的一部，其中有不少是新收容的战士。3 月25 日各部队都到达了指定地点，在人民群众的支持下修起了各种各样的工事。当地群众还与部队密切配合，进行侦察、防奸、反谍、带路、挖壕沟等项工作。为了抗击日军，群众不惜一切代价支援作战部队，有的农户把家中的寿材、房料都献出来修筑工事，使部队受到很大的鼓励。

3 月20 日，日军攻入韩庄附近，与第四十一、第四十五军的战士隔河对峙。于是炮战、堑壕战相继展开。尤其是台儿庄战役开始后，微山湖畔的战斗更加频繁。

到 4 月初，根据台儿庄战役的进展，指挥部拟定了在台儿庄战役取得胜利、日军败退之际，歼灭当面之敌，切断日军主力与后方的联络线的作战计划。到 4 月 16 日，以第四十一军的兵力实施攻击计划，主要是打击日军在韩庄、大铁桥北头、微山湖大闸头以及火车站的各个据点。4 月 17 日拂晓，第四十一军的抗日将士们向韩庄之敌发起了攻击，一举歼灭了火车站附近的敌人，并迅速向临城方向前进，切断了日主力军与后方的联络线，战斗打得十分激烈，也打得很顺利。

18 日拂晓，日军用飞机对第四十一军阵地轮番轰炸、俯冲、扫射，使抗日将士遭受重大伤亡。上午10时，日军从临城调来1000多人的部队和战车、大炮，驰援韩庄，于是，一场更为激烈的战斗开始了。此时，第四十一军前线指挥官主张对日军给予重大打击后撤离阵地，退到运河南岸，而集团军总部为保存实力，避免过重伤亡，严令撤退，以保运河防务。

18日深夜，部队按计划撤离阵地，退到运河南岸，又开始了与日军隔河对峙的局面。

▲与中国军队对峙中的日军正在射击

19日午，日军增援部队到达韩庄车站附近，与韩庄的日军会合，占领了韩庄附近不少地方。在隔河战斗中，第四十一军战士们又开始了宣传战，发动宣传攻势，瓦解日军军心，动摇其战斗意志，这是从八路军那里学来的。很快，日军的炮火也渐渐减少，有时还发生两军隔河对话的情况。这种隔河对峙战持续了一个多月。

到 5 月 19 日，第四十一军撤出微山湖畔，转移到徐州以南地区，担起抵抗从南京北上的日军的重任。

在微山湖畔的战斗中，共歼敌 500 多人，俘敌 50 多人，缴获大量轻重机枪、弹药、粮草、马匹等，但第四十一军也伤亡 500 多人，群众伤亡 100 多人，百姓的房屋、财产损失也很严重。

这场战斗使日军明白，要打下徐州，仅有矶谷师团、板垣师团的残部兵力已绝对不可能了。后日军又作出了新的部署，徐州会战已不可避免。

日军调集重兵会攻徐州

在台儿庄战役中日军吃了大败仗，矶谷师团残部不得不向北撤退，板垣师团也不得不放弃临沂，将主力西移，与矶谷师团会合，死守待援于临城、枣庄、峄县一线。

日军打不通津浦铁路一线，夺不下徐州，严重地影响会攻武汉的计划，所以虽然台儿庄战役失败，仍不会善罢甘休。此时日军统帅部也认识到，徐州是兵家必争之地，非调集重兵不可。于是从 1938 年 4 月中旬起，日军统帅部从北平、天津、山西、绥远、江苏、安徽等地增调十三个师团，共 30 多万人，分六路向徐州进逼，实施大包围的战略。而且所调日军，均是日本在中国派遣军中的精锐部队，并配有大批的飞机和重武器，以实现在日军司令部的统一指挥下，步步向徐州推进，不断地缩小包围圈，最后与第五战区的中国军队决战于徐州战场，全歼中国军队主力，夺下徐州的计划。

对于日军有计划的大规模的战略部署，李宗仁明白，目前仅靠他指挥的部队是断难与日军抗衡的，因此，他对再取得一次像台儿庄战役一样的胜利不抱希望。但是，国民党中央军事委员会中有不少将领主张调集大批军队，云集徐州地区，在徐州地区与日军决一雌雄。

由于台儿庄战役的胜利，无论是李宗仁将军还是第五战区司令部都已赫赫有名，令世人瞩目，威望极高。因此，许多人对李宗仁抱有很大的希望，认为在他的指挥下一定能打出更漂亮的胜仗，其所调之军的将士们也都勇气十足，决心战死在抗日战场上。

而李宗仁将军作为第五战区的首席指挥官，不仅要考虑现在如何把大批军队调集起来，做好打徐州战役的准备，而且还要筹谋万一战局不利于己时，如何才能将大批军队不受损失或少受损失地撤离出去，以保存实力，为以后打击日军留下作战的力量。

这是李宗仁将军所想、所谋的一件大事。几十万军队都交给了他，如何指挥好，不仅关系到几十万军队的生命，更重要的还关系到抗日的前途和命运。所以，李宗仁经过反复思考后将蒋介石不断调集徐州的部队进行了部署。

首先调到徐州的部队是周品石的第七十五军和李仙洲的第九十二军。这两个军战士的抗日士气高涨，武器装备齐全，具有较强的战斗力。所以，李宗仁立即命令他们到台儿庄地区向东延伸驻扎防务，以防止日军再次攻击台儿庄。因矶谷师团残部尚在峄县驻守，板垣师团弃临沂西移与矶谷师团会合，如他们再攻台儿庄，有周、李两军将其包围予以打击，定能奏效。

4月21日，樊崧甫的第四十六军奉命调往徐州。蒋介石电令："着樊崧甫率所编野战军团开赴徐州，归第五战区司令长官李宗仁指挥，参加鲁南作战，限于23日前到达。"樊崧甫接电后，立即率军从陕西潼关东进。第四十六军是陕西部队，其中有不少是关中子弟，曾在黄河边上打过游击战、阵地战，与日军交战数月，有不少作战经验。无论是火战还是肉搏战，或其他的艰苦战斗，他们都能英勇顽强地作战到底。所以，日军在日记中针对第四十六军顽强的战斗作风这样写道："这次敌人新调集的部队战斗力很强，战斗怕难得胜利。”也有日军这样写着：“出国时上级说，中国兵无抵抗力，但这次到了战场，敌人火力是那么猛，一班人死伤得只剩五个，抵抗还是那么顽强。今天我还在，明朝不晓得怎么样？啊！生命之危机！”4月22日，樊崧甫率军到达徐州后，见到了李宗仁和白崇禧。白向樊介绍了战况后，命樊部到达运河，加强防御兵力。

4月20日以后，又有几个军到达徐州前线。李延年的第二军、晋军商震部的1师加入到徐州东线的防御作战；谭道源的第二十二军到达徐州后，李宗仁命他们到徐州西北微山湖一带设防作战。随后又有石友三的第六十九军抵达鲁西，冯治安的第七十七军、刘汝明的第六十八军也先后到徐州，李宗仁立即命令他们南下于淮河北岸设防。

不到一个月内，抵达徐州的援军达20多万人，与第五战区原有的兵力合计不下60万人，大半集中于徐州附近地区，真有人满为患之感。李宗仁深感大军云集，责任重大，如何指挥已成大问题了。

而白崇禧从汉口国民党中央军令部打电话给李宗仁，告诉他委员长还在调集大军向徐州增援。

李宗仁对白崇禧说：委员长调来这么多部队干什么？白崇禧说：委员长想要你扩大台儿庄的战果！但是，李宗仁认为，现在已经太迟了！

此时，李宗仁对徐州会战作了这样的判断：日军已形成了向徐州合围的新战略。数十万抗日将士集中于徐州地区，并且徐州又是一个平原地区，这正是日军机械化部队和空军进攻打击的最好对象，日军便于充分发挥机械化部队攻击的威力。而中国军队从装备上说，只可相机利用地形等有利条件，如山地、湖泊等，与日军作运动战。若要以中国军队现有的装备与

▲台儿庄大捷后，国民党中央统帅部调集各个战场上的作战部队增援徐州。

日军直接作大规模的、几十万对几十万人的阵地消耗战，就会出现类似上海会战的情况，那损失太大了。

国民党中央统帅部深知徐州会战之重要，如徐州一失，日军必定会攻占武汉三镇。所以一方面调大批部队到徐州作战，另一方面由白崇禧副总参谋长率统帅部参谋团刘斐、林蔚等到达徐州督战。但是，由于台儿庄战役的胜利，国民党中央统帅部未能对徐州会战的战局作出正确的分析和判断，认为只要调集大量部队与日军作战，就会取得胜利，而没有看到台儿庄战役之所以取得胜利，是因为中国军队集中优势兵力，打的只是一个矶谷师团，并且日军又是犯了孤军深入的错误，从而为打败日军提供了极好时机。

1938 年 4 月中旬，日军开始了会攻徐州的战略。津浦铁路南段的日军，自攻下宿县、蒙城两地后，除少数部队固守宿县外，竟放弃津浦路正面，循西侧地区向北推进，从徐州的南面攻打；津浦铁路北段的日军，在土肥原等指挥下，自濮阳、张寿分两路强渡黄河，进入鲁西地区，先后占领郓城、菏泽、金乡、鱼台，从徐州的西北方向进攻；东北方面的日军取海道从江苏连云港登陆，占海州、郯城，与进占台儿庄和峄县的日军呼应，向徐州逼进。

▲日军占领曹州（今山东菏泽）后继续南下

至此，日军从徐州的南、北、东三个方向会攻徐州的战略已形成。所以，目前李宗仁将军所筹划的已不是如何在徐州打败日军，在他看来，这是不可能的，而是筹划如何将大批部队有计划地突围。他说：“我军为避免与优势之敌作消耗战，便于5 月初作有计划的撤退，必须看到日军此次来势甚猛，构成数重包围圈，志在将我军一举歼灭。所以我军为打破敌方此一企图，只有迅速作有计划的突围，脱离敌人包围圈。”

李宗仁将军不愧是一位卓越的军事家，在国民党中央统帅部盲目地调集大军于徐州准备与日军决一死战时，他却谋划着如何撤军，充分显示出其卓越的军事家的才能。某些战争的胜败，往往不在于夺取什么城市，而在于是否保存有生力量。60万大军云集徐州，正合日军战略意图。中国军队一旦在徐州战场上被歼灭，以后的抗日将不堪设想了。所以，是打还是撤，一字之间，不仅关系到60 万军队的生命，而且更重要的是关系到抗日的前途和命运。

徐州撤兵

1938 年 5 月上旬，津浦路南段日军大举北进，会攻徐州重镇。首先，日军以北上主力在大量装甲部队、飞机等配合下，向西挺进，攻占合肥，迫使李品仙第十一集团军的第三十一军西撤，退守于大别山外围的六安县，以排除侧翼被中国军队突击的危险。然后日军南北推进，向据守在淮河中游一带的廖磊的第二十一集团军的第七、第四十八两军进攻。驻守在淮河两岸和田家镇、凤台县、寿县、正阳关的部队为避免被敌人包围全歼之厄运，在作抵抗后自动放弃阵地，实行化整为零的游击战。可是，敌人实施大兵团作战，继续向北推进，占领蚌埠后向蒙城进攻。至此，于学忠的第五十一军和冯治安的第七十七军都遭日军优势兵力压迫，不得不星夜兼程向皖、苏撤退。刘汝明的第六十八军奉命南下增援，但战局已变，只好向西突出重围。此时，徐州以南津浦路防线已完全洞开，日军可随时向徐州攻击。为阻击日军北上，廖磊总司令急调第二十一集团军总预备队，驰赴宿县和蒙城扼守，使日军不敢贸然北进。然而日军也有估计，所以跟踪而至，将蒙城包围，使第二十一集团军的进城部队，无法突击。日军用机械化部队和飞机、大炮整日轰击，城中房屋毁尽，一片焦土，除有 21 名士兵乘黑夜逃出外，其余官兵、伕役、马匹等，全部为国牺牲。日军对宿县攻击也十分凶猛。第二十一集团军进占宿县部队虽能撤至郊外，但损失也惨重。日军夺下蒙城、宿县后，沿津浦路两侧平原向徐州迫进，日军一路向北急进，占据陇海路上的黄口车站，切断陇海铁路西段与徐州的联络，从而形成了四面向徐州的合围之势。

▲日军空袭徐州后引起大火，消防队员正在全力灭火。

在李宗仁的指挥下，当日军四面合围徐州之势形成之时，也是徐州60万军队撤离的开始。5月上旬，李宗仁曾命令孙桐萱和廖磊两集团军，自南、北两方面阻止日军会师于陇海线，并乘日军尚未形成合围之时，命徐州东北方面的孙连仲、孙震、张自忠、庞炳勋、缪流等军，凭运河天险及运河以东地区择要固守，以掩护徐州大军向西、向南撤退，脱离日军的包围圈，进入苏北湖沼地区，再相机西撤。

5月中旬，其他各部也陆续向西撤退。此时，日军虽力图南北会合，夺下徐州，但都是白天行动。所以，李宗仁命令各部昼息夜行，并在日军合围的间隙中安全通过。日军即使有所发现，也不敢夜间堵截。5 月19 日，汤恩伯军团及其机械化部队因西线敌人已重重包围而改向南撤，其他部队改向东南撤退。

此时，第五战区司令部仍在徐州地区。当日军之大炮打入徐州城内时，李宗仁将长官部迁到了城南郊外陈家大屋暂住，但此处日军的大炮也能打到了。就在李宗仁命传令兵传达命令时，一发炮弹落下将传令兵炸死。但李宗仁仍在这里指挥着战斗。

5 月18 日，在各路大军撤退安排就绪后，李宗仁才决定率战区司令部职员、特务营、国民党中央在徐州的各机关留守人员、新闻记者等共 1000 多人于夜间乘火车南撤，准备到宿县后，再改向西撤。火车开出 100 多里，列车人员听到前路有爆炸声，停车一问，才知道工兵已炸毁前方的铁路桥梁，他们误以为长官部火车已过，才采取这个行动。这样，火车不能向前开了，1000 多人只好弃车步行。第二天凌晨，到达宿县城北十余里处。汤恩伯军团也在此停留。

李宗仁与汤恩伯见面后作了简短商谈。汤恩伯问李宗仁要不要攻克宿县后再西撤？李宗仁认为已无必要。汤司令又提出长官部是否与之同行？因汤军团实力雄厚，又有数师之众，长官部与他们同行，较为安全。然而，李宗仁认为，汤军团是国军中之精华，此时脱离战场要紧，长官部与他同行，恐累及该军团。所以，李宗仁命令汤军团即刻率部西行，自己则率长官部一行绕过宿县前进。

李宗仁率长官部向东南前进时，不断地遭到日机跟踪轰炸。一次在进村做饭休息时，被敌侦察机发现，该机兜了个圈子就飞走了。李宗仁看到这一情况，命令部队吃饭后立即出

▲中国守军放弃徐州，向豫南、鄂北突围转移。

发，在部队只走出村子约二三里远时，就看见有 20 多架日机飞到村子上方，顷刻将这个村炸为平地。长官部一行人望着村中升起的浓烟，把日本侵略者在中国又犯下的这一罪恶行径牢牢记在心里，继续前进。部队走了整整一天，到达涡河北岸，与第七军接应的部队相遇。在到达涡河时，河上的桥梁、渡船皆毁，人、物渡河已很困难，随行的数十辆汽车更无法过河，无奈，只得在河边将无法带过河的汽车、辎重全部焚毁。渡过涡河，进入第二十一集团军的防地，才冲出了日军的包围。

此次徐州会战，中方部队达 60 万人。日参谋部企图将中方 60 万大军围于徐州地区，然后全部歼灭，以实现灭亡中国之计划。可是，日军于 5 月 19 日扑入徐州时，竟连中国军队的影子也未见到。60 万大军在人不知鬼不觉中，全部撤出了包围圈，这对于日军来说，是又一次的失败。所以，李宗仁将军对此行动写下了这样一段耐人寻味的话：在徐州会战的最后阶段，敌军捕捉我主力的计划是何等周密，其来势是何等凶猛，但是鏖战月余，不但没有击溃我军的主力，甚至连我方一个上尉也没有捉到。这种情形，在双方百万大军的会战史上也可说是个奇迹，它彻底地毁灭了日军企图捕捉中国军队主力，实施速战速决的侵略梦想。

李宗仁将军的这段话讲得是十分深刻的，就是保存抗日实力，再谋歼灭日军。当然，我们也必须看到，日军夺下徐州后，使津浦铁路全线尽在手中，可沿陇海路西进郑州，会攻武汉，其东侧已无后顾之忧了。

神奇般的撤兵，是李宗仁将军任第五战区司令长官后为抗日立下的又一战功。

自 1937 年 12 月 13 日南京失守，至 1938 年 5 月 19 日李宗仁将军主动撤离徐州的五个月零六天中，日军虽南北齐进打通了津浦路全线，却始终未能达到歼灭中国军队主力的目的，而李宗仁却实现了以空间争取时间的战略计划，不但在台儿庄打了一个举世闻名的大胜仗，打击了京沪战役后日军的骄横之气，一扫南京失陷后国人的悲观气氛，延迟了汪精卫之流的卖国活动，而且也使国民党中央统帅部有充分的时间部署武汉大会战。

李宗仁对徐州战役的评说

徐州战役，前后历时五个月，调集了几十万部队，打了一个又一个的仗，其中包括震惊中外的台儿庄战役。对此，李宗仁认为，徐州战役是第二期抗战的重心所在，而他本人处在这个重心的中心位置上。他说，到徐州观战的西方各国武官、军事人员以及国内外慰劳团体简直是川流不息，长住在徐州的中外记者、访员、作家也不下数百人，长官部内终日熙熙攘攘，热闹之至，所以，他的所作所为影响极大。台儿庄告急时，日机日夜狂炸，长官部内只有一个小型的防空洞，只可容纳 20 人，敌机一来，洞内就挤满了人。而作为司令长官的李宗仁从未到防空洞内和大家挤作一团，相反，他总是走到办公室外，或在草地上监视敌机投弹，或借此机会与来访者谈话。有时炮弹落在长官部附近，震耳欲聋，不少人恐惧得面无人色，而李宗仁却处之泰然，若无其事。所以，所有在战役中与李宗仁有过接触的人无不对其表现出的大胆与镇定感到十分钦佩。他极大地影响了各界人士，使徐州战役能在战乱中按他的战略思想实施。

李宗仁对徐州战役既看到可能打胜仗等有利的一面，同时也看到不利的一面，即不可能取胜的所在。所以，他大胆地组织了台儿庄战役，夺得举世闻名的胜利；同时，他又果断地采取了自动放弃徐州，将 60 万部队在不受任何损失的情况下撤走，这也是一个大胜利。

李宗仁和蒋介石之间有不少的看法是不同的。他曾经谈到，在台儿庄战前有一次蒋介石来徐州视察，感觉徐州情形危急，一再问李宗仁：“你看徐州可以守吗？”此时，在李宗仁看来不会有多大的问题，所以，李宗仁回答说：“请委员长放心，徐州短期内没有问题。如果我能得到充足的补充，我可能还要打一个不大不小的胜仗！”虽然蒋介石听后对李宗仁的回答并未作什么评论，但李宗仁看出蒋介石对此是将信将疑。所以，台儿庄一仗打胜后，蒋介石一个劲地将兵力调到徐州，希望李宗仁再打胜仗。可是，形势变了，李宗仁的看法也变了，再打胜仗已不可能了。

李宗仁认为，在徐州战役的五个月中，由于他个人信心坚定，部队上下团结，所以作战五个月，他的思路未乱，部队的方寸未乱，整个战役的步骤未乱。凡此足见在兵凶战危之时，将帅个人的言行对全局关系甚大。古人云，“指挥若定”，做到这一点对战局向着有利的方向发展意义重大。

在徐州战役中，到徐州访问的国内外人士很多，其中给李宗仁留下深刻印象的是当时任美国驻华大使馆武官史迪威将军，此人后来赫赫有名。李宗仁认为史迪威为人极豪爽，谈笑风生，颇有战将气概，一见其人，便知他可以成为一位叱咤风云、出入枪林弹雨的猛将，而不是一般参谋人员。然而，此人对中国抗战前途很是悲观，因为他和一般的西方人士一样，认为中国落后，拿筷子的中国人怎能和拿武器的日本人打仗呢？对此看法，李宗仁并不奇怪，因为史迪威将军是站在美国人的角度上看问题，而且又身受唯武器论的教育，他看不到中国人民的伟大抗日力量。所以，李宗仁在阐述了自己的看法后，并未与史迪威进行辩论，只是笑一笑，紧接着对战争的发展及美国今后在这场战争中所起的作用，作出了自己的推断。李宗仁说，现在日本进攻中国，但到一定时候日本会对美国不宣而战，日本必然南进，将美国在太平洋的势力驱回到西海岸，到那时，美国必然与中国站在同一条战线上并肩作战，最后胜利当属于我们。对此，史迪威并不同意，他认为，日本的目的在于征服中国。如日本南进，与强大的英、美为敌，何异痴人说梦，是绝对不可能的，而李宗仁认为日军的南进只是时间问题。这两种看法哪一个对呢？历史作出了正确的判断。

不久，欧战果然爆发了。李宗仁后来到重庆时又见到了史迪威，在史请李吃饭时，史竖起大拇指说："你说对了，你说对了！"第二次世界大战的全面爆发，完全证明了李宗仁的判断是正确的！

历史证明了李宗仁将军的估计是正确的、符合实际的，因为，他看到了日本虽强，中国虽弱，但中国拥有广土众民的优越条件。日本志在速战速决，而中国则志在困敌于泥沼之中，至其崩溃而后已。历史的发展，不正是李宗仁所说的结局吗？

几十年的戎马生涯，使李宗仁感慨万千，写下了一部长篇的回忆录，特别是对任第五战区司令长官时的所作所为，作了较为详尽的评述。一位抗日功臣，能真实具体地自我评说，实在是不太容易。他的思想、行为，虽有种种局限，但他仍不愧为一位杰出的军事家。60 年后重读他的自传式的回忆录，实在是太令人折服了。